COLEÇÃO
Direito PROCESSUAL na Ordem CONSTITUCIONAL

Prisão Cautelar
para fins de extradição no Direito Brasileiro
O diálogo entre a cooperação jurídica internacional e a centralidade dos direitos humanos

COLEÇÃO
Direito
PROCESSUAL
na Ordem
CONSTITUCIONAL

Coordenadores
Luiz Rodrigues Wambier
Fábio L. Quintas
Georges Abboud

Prisão Cautelar para fins de extradição no Direito Brasileiro

O diálogo entre a cooperação jurídica internacional e a centralidade dos direitos humanos

Priscila Santos Campêlo Macorin

2020

EDITORA JusPODIVM
www.editorajuspodivm.com.br

EDITORA *Jus*PODIVM
www.editorajuspodivm.com.br

Rua Território Rio Branco, 87 – Pituba – CEP: 41830-530 – Salvador – Bahia
Tel: (71) 3045.9051
• Contato: https://www.editorajuspodivm.com.br/sac

Capa: Marcelo S. Brandão *(santibrando@gmail.com)*

P959 Prisão cautelar para fins de extradição no direito brasileiro: o diálogo entre a cooperação jurídica internacional e a centralidade dos direitos humanos/ Priscila Santos Campêlo Macorin – Salvador: Editora JusPodivm, 2020.

208 p. (Direito Processual Na Ordem Constitucional/ Luiz Rodrigues Wambier, Fábio L. Quintas, Georges Abboud)

Inclui bibliografia.
ISBN 978-85-442-3110-4.

1. Direito Penal Internacional. 2. Direitos Humanos. I. Macorin, Priscila Santos Campêlo. II. Wambier, Luiz Rodrigues. III. Quintas, Fábio L. IV. Abboud, Georges. V. Título.

CDD 341.14

Dedico este livro aos meus pais, que pelo amor e incentivo ao saber me edificaram e me permitiram acreditar em sonhos.

Ao meu esposo, Fabio, pelo amor e compreensão de todos os dias.

À minha filha, Julia, por ser o renascimento da esperança, o iluminar dos meus amanheceres, o amor maior de toda a minha vida.

AGRADECIMENTOS

A Deus, por caminhar ao meu lado e ser o sustento nos momentos de dúvidas e angústias. Ao meu orientador, Professor Doutor Georges Abboud, a quem admiro por seu profissionalismo e dedicação, por ter aceitado o desafio da orientação da minha dissertação de mestrado, pela atenção e paciência em todo o processo e pelo cuidado nas correções, que me permitiram concluir este ciclo com a maturidade pretendida. Aos Professores Doutor Paulo Gonet Branco e Doutor Luiz Roberto Ungaretti de Godoy, por terem aceitado o convite para participar das minhas bancas de qualificação e defesa, oportunizando o aperfeiçoamento deste trabalho acadêmico com perspectivas e experiências particulares e ímpares. Ao meu pai, por formar, com seu exemplo, a minha personalidade. À minha mãe, por sempre me encorajar a ir além do que acreditava ser capaz. Eles são o alicerce de tudo o que eu construí. Ao meu esposo Fabio, por seu companheirismo e por permitir que meus projetos se tornem realidade. À Julia, minha princesa, pela compreensão, apesar dos incontáveis protestos pelos momentos de ausência e horas em frente aos livros e ao computador, dedicados à elaboração deste livro. Aos Delegados de Polícia Federal André Luis Lima Carmo, Bruno Eduardo Samezima, Silvia Amélia Fonseca de Oliveira e Vládia Maria Barros Leal Brito, pela amizade e pelo apoio, livros e discussões construtivas sobre os temas que permeiam esta pesquisa. Aos Delegados de Polícia Federal Rogério Augusto Viana Galloro e Luiz Cravo Dórea, pela confiança no projeto. À equipe da INTERPOL em Brasília/DF, da qual me orgulho profundamente de ter feito parte, pelo estímulo para que eu retornasse aos bancos acadêmicos. À Martina Ullrich, Adida Policial da Embaixada da Alemanha em Brasília, pelo auxílio na compreensão da legislação alemã sobre extradição. Aos colegas da Coordenação de Extradição e Transferência de Pessoas Condenadas, do DRCI/SENAJUS/MJSP, pelo fornecimento de dados estatísticos e contribuições ao presente trabalho. Aos amigos que de alguma forma participaram deste processo construtivo, meus sinceros agradecimentos pelo suporte e incentivo desmedidos, sem os quais eu não teria chegado até aqui.

APRESENTAÇÃO

Esta obra busca compreender as possibilidades teóricas acerca da viabilidade de manutenção da prisão cautelar para extradição como condição de procedibilidade do processo extraditório e medida indispensável à efetividade do instituto, à luz dos novos parâmetros estabelecidos pela Lei 13.445/2017. Trata da cooperação jurídica internacional, examinando aspectos relacionados à sua instrumentalidade, efetividade processual e consecução da repressão criminal, em última instância. O enfoque sobre o diálogo internacional, consequente do processo globalizatório, evidencia a necessidade de convergência das proteções mínimas do indivíduo. Para tanto, examinar-se-ão os processos de extradição passiva de 2015 a maio de 2018, apreciados pelo Supremo Tribunal Federal, em que houve conversão da prisão preventiva para extradição em medida cautelar diversa, conjugando, com fulcro nos postulados do garantismo penal, as necessidades de segurança pública e paz social com a universalização dos direitos humanos e o princípio da dignidade humana como vetor hermenêutico de todo o sistema jurídico brasileiro.

PREFÁCIO

É com satisfação imensa que prefacio o primeiro livro da Priscila Santos Campêlo Macorin.

Trata-se da versão comercial de sua dissertação de mestrado, a qual tive o privilégio de orientar no prestigioso programa de mestrado e doutorado do Instituto Brasiliense de Direito Público.

A Priscila, além de ter sido minha orientanda, foi minha aluna ao longo de todo o mestrado, apresentando-se sempre como pesquisadora séria, refletindo a qualidade já reconhecida da sua atuação como delegada federal.

O livro ora apresentado é prova das qualidades acima enumeradas. Trata de um tema importante e desconhecido de grande parte do público leitor: a extradição.

A obra faz a perfeita junção da teoria com a prática. A autora aliou intensa pesquisa acadêmica com a experiência profissional no tema para sistematizar como se tem operado e como deveria passar a operar a prisão cautelar nos processos de extradição.

Além disso, a autora leva a cabo uma análise exaustiva da jurisprudência do STF a respeito do tema, apontando, ao final, para um novo caminho a ser trilhado pelo Supremo Tribunal Federal para que se alinhe a compreensão da extradição à sua preocupação central na proteção dos direitos humanos.

Recomendo, portanto, com inegável entusiasmo o livro ora apresentado, que assim passa a integrar a coleção Direito Processual na Ordem Constitucional, publicada pela prestigiosa editora Juspodivm, organizada por mim, ao lado dos meus queridos amigos Fábio Quintas e Luiz Rodrigues Wambier.

Georges Abboud

Mestre e doutor em direito pela Pontifícia Universidade Católica de São Paulo- PUC-SP. Professor de processo civil da PUC-SP e do programa de mestrado e doutorado em direito constitucional do Instituto Brasiliense de Direito Público – IDP-DF. Advogado e Consultor Jurídico. E-mail: georges.abboud@neryadvogados.com.br

SUMÁRIO

INTRODUÇÃO

Ao longo das últimas décadas, o fenômeno da globalização provocou o incremento de complexas relações internacionais que integraram o mundo. Como aspecto negativo dessa aproximação, com o constante fluxo de pessoas, bens e capitais, surgiram a criminalidade organizada transnacional e os delitos transnacionais, que impõem a congregação de esforços dos Estados para sua efetiva repressão.

Esta dissertação busca trazer reflexões sobre a cooperação jurídica internacional em matéria penal, fruto do diálogo entre os Estados, especialmente sobre o instituto da extradição. O enfoque da prisão cautelar para fins de extradição à luz do garantismo penal[1] e da universalização dos direitos humanos é a proposta temática do presente trabalho.

Como problema de pesquisa será investigado em que medida a prisão cautelar para fins de extradição, como elemento de cooperação jurídica internacional, deve ser interpretada no direito brasileiro, a fim de que se coadune com a efetivação dos direitos humanos.

A hipótese que se levanta – considerando que a repressão aos crimes transnacionais e à criminalidade organizada implica o diálogo entre os sistemas jurídicos dos diversos Estados e o incremento da cooperação jurídica internacional em matéria penal – é a

1. Este tema será abordado no item 3.6 desta obra.

de que se deve garantir a efetividade da extradição para consecução da justiça e da paz social.

Assim, a prisão cautelar para fins de extradição constitui elemento capaz de assegurar a executoriedade da medida. Com a entrada em vigor da Lei nº 13.445/2017, entretanto, a princípio, não mais constituiria condição objetiva de procedibilidade do processo extradicional - ou seja, não seria condição *sine qua non* para que o processo de extradição tivesse seguimento –, mas persistiria sendo regra, no sentido de que o perigo da manutenção da liberdade e a possibilidade real de frustração da entrega efetiva ao Estado requerente consistiriam na cautelaridade comumente existente no caso concreto.

Como ponto de partida, o capítulo 1 discorre sobre a cooperação jurídica internacional em matéria penal, após a contextualização do fenômeno da globalização, que impôs o diálogo internacional. Apresenta também a autoridade central brasileira, como órgão responsável por concentrar as atribuições relativas à condução da cooperação jurídica internacional.

Estabelecidas as bases conceituais de cooperação jurídica internacional em matéria penal e o papel da autoridade central, inicia-se o exame dos instrumentos que a tornam possível, a exemplo da carta rogatória, homologação de sentença estrangeira, transferência de execução da pena, equipe conjunta de investigação e auxílio direto.

O estudo da extradição é versado no segundo capítulo, que traz seu escorço histórico, a compreensão de seu conceito, sua dogmática jurídica, bem como o posicionamento da Corte Constitucional brasileira no tratamento do tema. Segue-se, diferenciando os institutos da extradição e da entrega, perquirindo-se sobre a impossibilidade de extraditar brasileiros natos.

Na sequência, discorre-se sobre a tramitação do pedido de extradição, com a sistematização dos agentes envolvidos e suas atribuições. Apresentados o instituto e suas condições, analisar-se-

-á o direito comparado e a prisão cautelar para fins de extradição, disposta no artigo 84 da Lei nº 13.445/2017.

No direito comparado, serão expostas as realidades da Argentina e dos Estados Unidos da América. Por fim, far-se-á breve consideração sobre a extradição na Alemanha. Esta escolha deve-se à influência do direito alemão na constituição cidadã brasileira, à origem da dignidade humana no direito constitucional alemão e ao papel que vem desempenhando o Tribunal Constitucional Federal da Alemanha, como modelo para a democracia brasileira – assim como a Suprema Corte Americana.

A análise das peculiaridades do sistema adotado pela Argentina, por sua vez, se dá em razão das amplas relações internacionais que mantém com o Brasil na temática da extradição, especialmente pela localização geográfica, que permite maior facilidade na movimentação de foragidos, bem como pela integração regional pretendida a partir do Mercado Comum do Sul (MERCOSUL).

No terceiro capítulo, abordar-se-á a intrigante questão da prisão cautelar para fins de extradição no Brasil.

A exceção à prisão cautelar está disposta no artigo 86 da Lei de Migração, que permite ao Supremo Tribunal Federal (STF) autorizar prisão albergue ou domiciliar ou determinar liberdade provisória, com retenção de documento de viagem ou outras medidas cautelares necessárias à entrega do extraditando, analisando-se, para tanto, a situação administrativa migratória, os antecedentes do extraditando e as circunstâncias do caso concreto.

Nesse passo, delinear-se-ão, com exemplos, quais seriam essas "circunstâncias do caso" capazes de afastar a cautelaridade e apresentar-se-á a diferenciação entre a prisão preventiva, prevista no Código de Processo Penal e a prisão cautelar para fins de extradição da Lei nº 13.445/2017, transitando pelos fundamentos da Arguição de Descumprimento de Preceito Fundamental (ADPF) nº 425/DF e as normas que obrigavam a prisão preventiva para tramitação de processo de extradição.

Nessa linha de ideias, examinar-se-ão ainda no capítulo 3 a prisão como condição objetiva de procedibilidade do processo de extradição e; o princípio da dignidade da pessoa humana, a universalização dos direitos humanos e suas implicações na prisão cautelar para fins de extradição, destacando a necessidade de contemporizar esta medida restritiva de liberdade com a proteção da infância.

No avançar das reflexões, discorrer-se-á sobre o garantismo penal, como perspectiva de proporcionalidade no processo penal, compatibilizando a proteção do indivíduo contra possíveis abusos do Estado em seu *ius puniendi* e a da coletividade mediante a persecução penal. Isso tudo a fim de conduzir a pesquisa a um paralelo entre o garantismo e o combate à criminalidade ansiado pela comunidade internacional por meio da extradição, para além da dialética de direitos e liberdades individuais *versus* direito à segurança pública.

Apresentado o marco teórico, proceder-se-á à análise empírica quantitativa dos processos de extradição no Brasil, com o recorte temporal do ano de 2015 até maio de 2018, observando-se o panorama de pedidos de extradição em toda a comunidade internacional, a partir dos dados estatísticos armazenados pelo Departamento de Recuperação de Ativos e Cooperação Jurídica Internacional (DRCI/SENAJUS/MJSP) e pelo Escritório Central Nacional da Organização Internacional de Polícia Criminal (INTERPOL) no Brasil.

Após esse exame, a análise ficará circunscrita aos pedidos de extradição passiva, ocasião em que se fará necessária análise qualitativa dos processos de extradição, julgados pelo Supremo Tribunal Federal, nos quais houve a conversão da prisão cautelar para fins de extradição em medida restritiva diversa.

A escolha do recorte temporal permite identificar o posicionamento do STF no julgamento dos processos de extradição passiva ainda sob a égide do Estatuto do Estrangeiro – em período anterior à permissão para encaminhamento do pedido de prisão para fins de extradição ao Supremo Tribunal Federal, diretamente pela Polícia Federal, por seu Escritório Central Nacional da INTERPOL –, bem como possíveis mudanças interpretativas decorrentes da transição dogmática, desde a promulgação da Lei n° 13.445/2017, até sua entrada em vigor.

Concluídos os estudos de casos, evidenciar-se-ão os principais pontos de reflexão no tocante à prisão preventiva para extradição como condição de procedibilidade do processo extraditório durante a vigência do Estatuto do Estrangeiro (Lei nº 6.815/1980) e sua flexibilização pelo Supremo Tribunal Federal, assim como a natureza da prisão cautelar para fins de extradição na dicção da Lei nº 13.445/2017.

Imperioso consignar que o presente trabalho não tem a pretensão de esgotamento do tema, mas apenas a de compreender as possibilidades teóricas acerca da viabilidade de manutenção da prisão cautelar para extradição como condição de procedibilidade do processo extraditório e medida indispensável à efetividade do instituto. Procura-se perceber que construção argumentativa conduz à harmonização dos direitos fundamentais individuais, dos compromissos internacionais assumidos pelo Brasil quando da ratificação de tratados de direitos humanos e da cooperação internacional de combate e repressão à criminalidade.

1

COOPERAÇÃO JURÍDICA INTERNACIONAL

1.1. O DIÁLOGO INTERNACIONAL COMO PROPULSOR DA IMPRESCINDIBILIDADE DE COOPERAÇÃO INTERNACIONAL

A globalização[1] consiste em fenômeno social que provocou o incremento de complexas relações internacionais, com nuances que extrapolam a esfera econômica e se capilarizam em espaços culturais, políticos e comunicacionais, integrando o mundo. No

1. MIRANDA retrata que, apesar de o termo globalização ser recente, vários foram os "esforços de união política, econômica, religiosa, cultural e jurídica dos povos". Como exemplo, traz à baila Alexandre Magno, que no século IV a.C., "foi o arauto de outra globalização de efeitos que perduram até o nosso tempo, pois iniciou a centralização do governo mundial em um local previamente escolhido para esse fim – a Babilônia – lançou as bases de uma nova ordem econômica pela adoção do padrão prata em substituição ao padrão ouro, promoveu a fusão da religião grega com as da Pérsia e da Babilônia e elevou o grego à condição de língua culta universal, do que resultou o termo helenismo. A morte precoce do Conquistador interrompeu a estruturação de um sistema jurídico que amalgamasse os povos, como era seu desejo. Esses períodos excepcionais de integração acarretam modificações no Direito, visto ser sua função garantir a estabilidade do relacionamento humano, estruturando as relações entre indivíduos e Estados". (MIRANDA, Neemias Carvalho. **Extradição: decisões contraditórias no Supremo Tribunal Federal.** Rio de Janeiro: Editora Lumen Juris, 2010. p.1).

âmbito do direito, notadamente no direito penal[2], corresponde à necessidade imperiosa de ruptura de suas bases tradicionais, diante da imprescindibilidade de repressão conjunta e uniforme aos crimes transnacionais e à criminalidade organizada ou "globalizada"[3].

Nas palavras de CAPELLA, pode-se definir como uma grande transformação, composta por dois macrofenômenos interdependentes entre si, quais sejam, a mundialização das relações sociais e uma nova revolução industrial[4], que culminam na fluidez e dinâmica com que os eventos sociais passam a ser percebidos.

---

2. Observe-se que, com o envolvimento das economias e mercados, a globalização influenciou a modificação de padrões culturais e de consumo, acentuando – ou apenas tornando evidente, pela expansão dos meios de comunicação e redução do tempo em que as informações circulam em todo o planeta – a concentração de poder e riquezas. Ademais, incentivou o surgimento de grandes conglomerados transnacionais – que procuram regiões com maiores vantagens tributárias e flexibilidade na legislação trabalhista, por exemplo, a fim de reduzir seus custos de produção, aumentar seus lucros e sua competividade. Nos dizeres de BAUMAN, "a perversa "abertura" das sociedades imposta pela globalização negativa é por si só a causa principal da injustiça e, desse modo, indiretamente, do conflito e da violência". (BAUMAN, Zygmunt. **Tempos líquidos.** Tradução de Carlos Alberto Medeiros. Rio de Janeiro: Jorge Zahar Editor, 2007. p. 14).

3. ALVES entende que o crime, acompanhando a sociedade, está evoluindo do estágio de criminalidade organizada, para criminalidade globalizada. Para ele, "se o crime é globalizado, entendemos que somente poderá ser reprimido eficazmente com normas penais internacionais (a interna de um país não será suficiente) e também com uma Justiça Penal Internacional, como no exemplo do Tribunal Penal Internacional (sediado em Haia) que, no momento, somente julga certas espécies de delitos (contra a humanidade, genocídio, etc.) e inclusive com uma Polícia Internacional. Então, cada nação perderia um pouco de sua soberania em favor de uma luta universal mais eficaz contra a criminalidade globalizada". (ALVES, Roque de Brito. **Globalização do crime.** Boletim IBCCRIM, Ano 8, n° 88, março 2000). No mesmo sentido, FERRAJOLI defende a existência de uma criminalidade globalizada, como efeito perverso da globalização, sendo que as razões para seu desenvolvimento consistiriam exatamente na mundialização das comunicações e da economia, simultaneamente à mundialização do direito (FERRAJOLI, Luigi. ***Criminalidad y globalización.*** *Boletín mexicano de derecho comparado,* México, v.39, n.115, p.301-316, abr 2006. Disponível em: <http://www.scielo.org.mx/scielo.php?script=sci_arttext&pid=S0041-86332006000100010&lng=en&nrm=iso>. Acesso em 22 nov 2018).

4. "A mundialização desigual das relações sociais é uma globalização multifacetária – econômica, dos fluxos de bens e de comunicação, que cria relações de inter-

Em vertente axiológica assemelhada, DEL'OLMO[5] defende a globalização como fenômeno complexo, "norteador da sociedade internacional na pós-modernidade" e de caráter irreversível. Com efeito, a globalização exigiu dos Estados que saíssem do estágio de isolamento à gradativa convergência, inclusive normativa, em um evidente desafio de compatibilização das soberanias[6] diante da diversidade de sistemas jurídicos existentes no planeta "atravessado por auto-estradas da informação"[7].

Surge, destarte, como fenômeno inevitável de aproximação dos mundos, a revolução dos conceitos de tempo, espaço, capital

---

dependência entre as distintas populações do planeta e reorganiza o tempo e a distância na vida social. [...] A mundialização significa ante tudo interdependência. A ação social se entrelaça globalmente, e as consequências da intervenção humana resultam crescentemente distantes e labirínticas. A mundialização impõe uma nova estruturação do espaço e das distâncias, por uma parte, e do tempo, por outra. Certos processos são agora, paradoxalmente, simultâneos em todos os rincões do planeta: em todos produzem efeitos ao mesmo tempo" (CAPELLA, Juan Ramón. **Fruto proibido: uma aproximação histórico-teórica ao estudo do Direito e do Estado.** Tradução de Gresiela Nunes da Rosa e Lédio Rosa de Andrade. Porto Alegre: Livraria do Advogado, 2002. p. 236-238).

5. DEL'OLMO, Florisbal de Souza. **A extradição no alvorecer do século XXI.** Rio de Janeiro: Renovar, 2007. p. 75-76.

6. Para MENDES, em **A justiça constitucional nos contextos supranacionais**, "o Estado, que havia sido erigido à condição de universalidade na forma do Estado-pessoa, fixado no conceito de soberania, passa agora a sofrer a concorrência de outras universalidades (o mercado, as empresas, o governo, os grupos, os sistemas de informação, as tecnologias, etc.). No âmbito interno, o Estado, enquanto sujeito dotado de um estatuto especial ou privilegiado, passa a conviver com amplo pluralismo social, processos extrajudiciais e pulverização de princípios ordenadores. No âmbito externo, surgem os ordenamentos supranacionais, que, igualmente, passam a colocar em xeque o modelo dominante de soberania". (NEVES, Marcelo (org.).**Transnacionalidade do direito: novas perspectivas dos conflitos entre ordens jurídicas.** São Paulo: Editora Quartier Latim do Brasil, 2010. p.243-244).

7. Expressão utilizada por BAUMAN, para explicar, nas sociedades abertas da globalização, a vida líquido-moderna e o clamor planetário por justiça – que insere em seu ideal o respeito aos direitos humanos. Os Estados então compreendem suas incompletudes e, por este motivo, se conectam para enfrentar os problemas que ultrapassam a soberania nacional. (BAUMAN, Zygmunt. **Tempos líquidos.** Tradução de Carlos Alberto Medeiros. Rio de Janeiro: Jorge Zahar Editor, 2007. p. 11).

e tecnologia, invadindo todos os campos da interação social, sem respeito a fronteiras geográficas, políticas ou culturais. Esta proximidade, contudo, possui também sua faceta negativa, tendo impulsionado a transnacionalidade dos delitos e organizações criminosas e imposto aos Estados, em consequência, a confluência de ações em busca de um objetivo comum, não mais circunscrito à paz social[8].

No Brasil, a globalização se converteu em um dos fatores da hipertrofia do direito penal, exigindo-se sua eficiência e eficácia, sem grandes preocupações dogmáticas[9]. Esses passos, segundo GOMES e BIANCHINI, podem conduzir à "demolição do edifício conceitual da teoria do delito (e de todas as garantias que ele representa)[10]" e, por isso, merecem atenção e cuidado.

Em outra perspectiva, a globalização pode ser vista como a convergência ou a harmonização dos sistemas de proteção dos direitos humanos[11] (mas não como sua uniformização diante da

8. O estado de paz, segundo KANT, não consiste em um estado natural e, por isso, necessita ser instaurado por meio da cooperação e influências recíprocas entre os Estados para a garantia da segurança entre os povos e, porque não dizer, de toda a comunidade internacional, uma vez compreendido o crime como uma expectativa social violada. (KANT, Immanuel. **A paz perpétua: um projeto filosófico.** Tradução de Artur Morão. Covilhã: Coleção textos clássicos de filosofia, LusoSofia press, 1975).

9. GOMES e BIANCHINI fazem uma analogia na qual o direito penal tradicional seria um elefante e a criminalidade da globalização, um rato. O primeiro, lento, transmite a ideia da burocrática investigação, demorada instrução para colheita apropriada de provas, tudo isso a fim de que se permita restringir a liberdade do indivíduo; o segundo, veloz, se esquivando do elefante com grande facilidade. Diante dessa realidade fática, foram empreendidas distorções sucessivas ao direito penal e, segundo os autores, quando o direito penal atua "faz um estrago tremendo: a força e o peso da sua pata praticamente esmagam os ratos que são alcançados (isto é, os poucos criminosos processados e condenados são esmagados pela longa prisão cautelar, severas penas aplicadas, assim como pelo sistema penitenciário brasileiro)". (GOMES, Luiz Flávio e; BIANCHINI, Alice. **O direito penal na era da globalização**. São Paulo: Editora Revista dos Tribunais, 2002. p. 34-35).

10. Idem. p. 24.

11. TUSHNET, Mark. ***The inevitable globalization of constitutional law,*** *In: Harvard Law School. Public Law & Legal Theory Working Paper Series*. Disponível em: <https://

sociedade plural)[12], revelando o universalismo de seu valor[13]. Parafraseando KANT, a aproximação dos homens gera a disseminação do pensamento de cooperação e o estabelecimento de relações pacíficas, que progride ao patamar de interação, em busca do ideal da "constituição cosmopolita"[14].

Tomando os direitos humanos[15] como fundamento de toda a sociedade, concebe-se o embrião do que HÄBERLE convencionou chamar de Estado Constitucional Cooperativo[16], cuja identidade consiste em movimentos efetivos de aproximação e entrelaçamento

---

ssrn.com/abstract=1317766> ou <http://dx.doi.org/10.2139/ssrn.1317766>. Acesso em 13 jan. 2018.

12. "*In sum: Because the globalization of domestic constitutional law is inevitable, notions of separation of powers – or of legislative supremacy qualified by the existence of judicial review – will have to accommodate themselves to that globalization*". (Idem.) Tradução livre: Em suma: como a globalização do direito constitucional nacional é inevitável, as noções de separação de poderes – ou de supremacia legislativa qualificada pela existência de revisão judicial – terão que se acomodar a essa globalização.

13. A internacionalização dos Direitos Humanos, segundo RAMOS, consiste na aceitação da interpretação internacional sobre esses direitos (RAMOS, André de Carvalho. **Pluralidade das ordens jurídicas: uma nova perspectiva na relação entre o Direito Internacional e o Direito Constitucional.** Revista da Faculdade de Direito, Universidade de São Paulo, v. 106/107, p. 497-524, jan/dez, 2011/2012. p. 517. Disponível em: <http://producao.usp.br/handle/BDPI/43708>. Acesso em 19 set 2018).

14. KANT, Immanuel. **A paz perpétua: um projeto filosófico.** Tradução de Artur Morão. Covilhã: Coleção textos clássicos de filosofia, LusoSofia press, 1975. p. 10-22.

15. O tema direitos humanos será tratado no item 3.4 desta dissertação. Vejam-se também as notas de rodapé 78, 96, 97 e 99.

16. Para HÄBERLE, "o Estado Constitucional Cooperativo não é apenas uma possível forma (futura) de desenvolvimento do tipo 'Estado Constitucional'; ele já assumiu conformação, hoje, claramente, na realidade e é, necessariamente, uma forma necessária de estatalidade legítima do amanhã. [...] O ***Estado Constitucional cooperativo*** trata, ativamente, da questão de outros Estados, de instituições internacionais e supranacionais e dos cidadãos 'estrangeiros': sua 'abertura ao meio' é uma 'abertura ao mundo'. [...] A cooperação realiza-se política e juridicamente. Ela é, sobretudo, um momento de configuração. O Estado Constitucional Cooperativo 'corresponde' a desenvolvimentos de um 'Direito Internacional cooperativo". (HÄBERLE, Peter. **Estado constitucional cooperativo.** Tradução de Marcos Augusto Maliska e Elisete Antoniuk. Rio de Janeiro: Renovar, 2007. p. 5-6).

entre os Estados e abertura das relações internacionais para consecução, no plano concreto, de expressões programáticas como cooperação internacional, paz no mundo, justiça social, responsabilidade internacional e solidariedade[17].

Isso justifica o diálogo internacional em expansão entre as cortes constitucionais dos diversos países[18], resultando, nos dizeres de RAMIRES[19], em "fertilização cruzada", na qual

> os tribunais mais abertos às influências estrangeiras tornam-se, igualmente, trampolins para a propagação de suas decisões. Os entendimentos jurídicos assim se espraiam, em um processo de "polinização", auxiliando os intérpretes no empreendimento comum de levar adiante as conquistas civilizatórias da era constitucional[20].

---

17. HÄBERLE, Peter. **Estado constitucional cooperativo.** Tradução de Marcos Augusto Maliska e Elisete Antoniuk. Rio de Janeiro: Renovar, 2007.
18. Repetindo as palavras de SLAUGHTER, Anne-Marie, em ***A typology of transjudicial communication***, *"courts are talking to one another all over the world"*. (SLAUGHTER, Anne-Marie. ***A typology of transjudicial communication, In: University of Richmond Law Review, 1994).*** Tradução livre: os tribunais estão conversando uns com os outros em todo o mundo.
19. RAMIRES, Maurício. **Diálogo judicial internacional: o uso da jurisprudência estrangeira pela justiça constitucional.** Rio de Janeiro: Editora Lumen Juris, 2016. p. 13.
20. Convém ressaltar o ponto de vista de Cass SUNSTEIN, para quem esse "cosmopolitismo" somente seria interessante para nações com sistemas democráticos jovens ou que prevejam, em suas próprias constituições, consultas às democracias mais antigas. Ainda sob a visão do autor, em contrapartida, para os países com longa prática democrática (a exemplo dos Estados Unidos), a consulta à jurisprudência estrangeira tornaria mais complexa a decisão, ao acrescentar outros elementos à análise, advindos muitas vezes, de contextos totalmente diferentes. O problema, pois, do cosmopolitismo consistiria na utilização de precedentes ou entendimentos de cortes constitucionais de outros países a realidades divergentes, sem acuidade, o que poderia resultar em decisão com sentido oposto à inteligência hermenêutica daquela na qual se fundamenta. (SUSTEIN, Cass R. ***A Constitution of Many Minds***. Princeton-EUA: Princeton University Press, 2009). Para RAMOS, o processo de fertilização cruzada é de suma importância ao Direito Internacional dos Direitos Humanos, "que lida com normas de redação genérica, contendo valores muitas vezes conflitantes. Logo, as decisões anteriores sobre o alcance e sentido de determinado direito servem de importante orientação para a formação

Esse diálogo se instrumentaliza também na cooperação internacional[21], que pode se apresentar pelo menos sob duas vertentes: a policial[22] e a jurídica.

A primeira, também conhecida como cooperação direta, ocorre no âmbito criminal, por agentes da persecução penal, correspondendo a um instrumento sinérgico para a obtenção de informações sobre as quais não recaia sigilo (a exemplo daquelas constantes de bancos de dados; antecedentes criminais; dados qualificativos), difusão de *modus operandi* de novos delitos, identificação de bens ou localização de pessoas – foragidos internacionais, vítimas, testemunhas, suspeitos – a fim de auxiliar investigações ou processos de natureza criminal.

---

da jurisprudência de outro tribunal" (RAMOS, André de Carvalho. **Pluralidade das ordens jurídicas: uma nova perspectiva na relação entre o Direito Internacional e o Direito Constitucional.** Revista da Faculdade de Direito, Universidade de São Paulo, v. 106/107, p. 497-524, jan/dez, 2011/2012. p. 514. Disponível em: <http://producao.usp.br/handle/BDPI/43708>. Acesso em 19 set 2018).

21. Segundo ARAS, "os mecanismos de cooperação internacional, guardando um fundamento constitucional, acabam tendo a natureza de procedimentos acessórios da ação penal, já que se destinam à produção de provas ou à 'produção' do sujeito passivo da relação processual, mediante sua apresentação a outro Estado seja para prestar declarações, defender-se de uma acusação ou para cumprir uma sentença penal condenatória. Portanto, sua natureza jurídica é de procedimento instrumental ao processo penal nacional, o que implica que as medidas de cooperação penal internacional estarão sujeitas aos mesmos princípios garantistas que regem, no território de cada um dos Estados cooperantes, o devido processo legal penal, com suporte na Constituição, nos códigos e nos tratados internacionais". (ARAS, Vladimir. **O papel da autoridade central nos acordos de cooperação penal internacional.** *In:* BALTAZAR JÚNIOR, José Paulo e; LIMA, Luciano Flores de. (Org.) Cooperação jurídica internacional em matéria penal. Porto Alegre: Verbo Jurídico, 2010. p. 62-63).

22. No Brasil, a Polícia Federal atua como ponto focal da cooperação policial internacional, representando a INTERPOL (***International Criminal Police Organization***), a AMERIPOL (***Comunidad de Policías de las Américas***) e, tão logo o acordo estratégico assinado seja ratificado pelo Congresso Nacional, também a EUROPOL (***European Police Office***), todas instituições policiais intergovernamentais. Considerando a relevância conquistada na temática da extradição, convém explicitar que a INTERPOL consiste em uma organização intergovernamental, com personalidade jurídica internacional, com sede em Lyon, França, fundada em Viena, Áustria, no ano de 1923. Atualmente, reúne 194 países e tem por missão promover a cooperação policial internacional, ainda que inexistentes relações diplomáticas entre os Estados envolvidos.

Possui como princípios norteadores o respeito às soberanias nacionais, a universalidade da cooperação[23], a flexibilidade dos métodos de trabalho[24] e a repressão a crimes comuns[25]. As informações e documentos compartilhados (a exemplo do que ocorre com o Canal I 24/7 da INTERPOL[26]) – não submetidos à cláusula de reserva de jurisdição – são válidos e podem ser utilizados em juízo, sem qualquer vício de legalidade. Podem ainda constituir informações de inteligência ou serem recepcionados como notícias de crime.

Nesse contexto, CASTRO[27] expõe que

23. No combate à criminalidade, a participação de órgãos não policiais é extremamente válida, pois, muitas vezes, detém conhecimentos técnicos que auxiliam na apuração de práticas delitivas, tais como os responsáveis pela aduana, produtos farmacêuticos, substâncias radioativas, dentre outros. Ressalte-se ainda que, conforme já especificado na nota de rodapé antecedente, a cooperação policial pode ocorrer independentemente da existência de relações diplomáticas entre os Estados.

24. No sentido de que a cooperação é válida, desde que respeitados os demais princípios norteadores da cooperação policial internacional, não se fazendo necessárias maiores formalidades, presentes na cooperação jurídica internacional quando, nestes casos, são os Estados soberanos que interagem, enquanto que naquela são os órgãos policiais que mantém diálogo célere, a fim de que não restem prejudicados os resultados das medidas pleiteadas.

25. Entenda-se crime comum como aquele que não configura crime político. Este consiste em crime contra os interesses da organização constitucional do Estado (SWENSSON JUNIOR, Lauro Joppert. **Anistia penal: problemas da validade da lei de anistia brasileira.** Curitiba: Juruá, 2008), ou seja, aquele que depende de motivação política ou que põe a segurança do Estado ou de suas estruturas em risco.

26. "A INTERPOL desenvolveu e disponibiliza desde 2005 o sistema I-24/7, uma rede de comunicação segura e avançada que garante a comunicação em tempo real, conectando autoridades policiais e possibilitando a troca de informações sensíveis e urgentes relevantes para processos criminais em todos os Países Membros". (BRASIL. MINISTÉRIO DA JUSTIÇA. Cooperação em pauta. **Brasil integra Grupo de Trabalho da Interpol para o desenvolvimento de plataforma para tramitação de pedidos de cooperação jurídica internacional em matéria penal**. ISSN-2446-9211/n° 43, setembro 2018. Disponível em: <http://www.justica.gov.br/sua-protecao/lavagem-de-dinheiro/institucional-2/publicacoes/cooperacao-em-pauta/cooperacao-em-pauta-n43/view>. Acesso em 19 dez 2018).

27. CASTRO, Tony Gean Barbosa de. **Crime organizado transnacional: cooperação jurídica internacional, direito penal internacional e tutela dos direitos humanos.** Porto Alegre: Núria Fabris Editora, 2018. p. 194-195.

> o compartilhamento de informações entre as instituições policiais de países diversos, concomitantemente aos interesses de investigação criminal, também proporciona instrumentos eficazes capazes de garantir aos cidadãos o nível de segurança que se espera em termos de liberdade.
>
> [...]
>
> Trata-se, então, de um rigoroso teste em termos de capacidade de resposta, o que implica transcender os dogmas da investigação tradicionalmente focada em assuntos internos dos Estados em que o crime pressupunha uma abrangência fixa e estática, mas que agora pressupõe e exige a análise dos fluxos globais e da dinâmica e complexidade transnacionais.

O combate à criminalidade organizada transnacional seria infrutífero, não fossem os esforços conjuntos dos Estados, detentores do *ius puniendi*, no sentido de evitar a impunidade e garantir o direito fundamental à segurança pública. Afinal, o crime, "ainda quando envolve uma ofensa ao indivíduo, é, na sua essência, um ataque à organização social, uma violação da ordem jurídica, e a sua repressão é um ato determinado pela necessidade, que o organismo social sente, de defender-se para conservar-se"[28]. A propósito do tema, não se pode olvidar que o fundamento desta cooperação e da própria atividade policial repousa na promoção da dignidade da pessoa humana[29].

A cooperação jurídica[30], por sua vez, pode ser entendida como mecanismo para produção ou intercâmbio de provas, cuja base jurídica reside em acordos ou tratados internacionais e, em

28. BEVILAQUA, Clovis. **Direito publico internacional: a synthese dos principios e a contribuição do Brasil.** 2 ed. Tomo II. Rio de Janeiro: Livraria Editora Freitas Bastos, 1939. p. 111.

29. CASTRO, Tony Gean Barbosa de. **Crime organizado transnacional: cooperação jurídica internacional, direito penal internacional e tutela dos direitos humanos.** Porto Alegre: Núria Fabris Editora, 2018. p. 200.

30. A cooperação jurídica internacional, na definição do Ministério da Justiça, "pode ser entendida como um modo formal de solicitar a outro país alguma medida judicial, investigativa ou administrativa necessária para um caso concreto em andamento". (MINISTÉRIO DA JUSTIÇA E SEGURANÇA PÚBLICA. **Cooperação internacional.** Dis-

sua ausência, na promessa de reciprocidade[31]. Citando RAMOS, a cooperação jurídica internacional "consiste no conjunto de regras internacionais e nacionais que rege atos de colaboração entre Estados, ou mesmo entre Estados e organizações internacionais, com o objetivo de facilitar o acesso à justiça"[32].

Em outras palavras, "é o instrumento por meio do qual um Estado, para fins de procedimento no âmbito da sua jurisdição, solicita a outro Estado medidas administrativas ou judiciais que tenham caráter judicial em pelo menos um desses Estados"[33]. Ou ainda, segundo BECHARA, "o conjunto de atos que regulamenta o relacionamento entre dois Estados e Tribunais Internacionais, tendo em vista a necessidade gerada a partir das limitações territoriais de soberania"[34].

Apresentar-se-ão, a seguir, noções gerais sobre a cooperação jurídica internacional em matéria penal e seus institutos para, ato contínuo, verticalizar a reflexão sobre a extradição.

1.2. A COOPERAÇÃO JURÍDICA INTERNACIONAL EM MATÉRIA PENAL

O processo de mitigação das fronteiras, decorrente da globalização, aproximou os Estados em suas relações e desenvolveu neles a consciência de que não são autônomos ou autossuficientes, provocan-

---

ponível em: <http://www.justica.gov.br/sua-protecao/cooperacao-internacional>. Acesso em 20 jan. 2018).

31. À exceção da homologação de sentença estrangeira, que não exigirá reciprocidade manifestada pelas vias diplomáticas (cf. artigo 26, § 2°, do CPC e artigos 780 e 789, §1°, ambos do CPP).

32. RAMOS, André de Carvalho. **O novo direito internacional privado e o conflito de fontes na cooperação jurídica internacional**. Revista da Faculdade de Direito, Universidade de São Paulo, v. 108, p.621-647, 22 nov 2013. p. 624. Disponível em: <http://www.revistas.usp.br/rfdusp/article/view/67998/pdf_23>. Acesso em 18 set 2018.

33. MINISTÉRIO DA JUSTIÇA. **Cartilha cooperação jurídica internacional em matéria penal.** Brasília: Departamento de Recuperação de Ativos e Cooperação Jurídica Internacional, 2013. p.7.

34. BECHARA, Fábio Ramazzini. **Cooperação jurídica internacional em matéria penal: eficácia da prova produzida no exterior.** São Paulo: Saraiva, 2011. p. 42.

do, desta forma, a necessidade crescente de cooperação internacional, como já pontuado anteriormente. Cooperar significa trabalhar em conjunto, compartilhar de um mesmo objetivo, colaborar.

A relevância da solidariedade entre os Estados já era evidenciada por BEVILAQUA[35]:

> Partindo da ideia da sociedade dos Estados, dá-se por fundamento ao direito público internacional, não a soberania, princípio de direito interno[36], mas a solidariedade, fenômeno social de alta relevância, pelo qual devemos entender: a consciência de que as nações cultas têm interesses comuns, que transbordam de suas fronteiras, e para a satisfação dos quais necessitam umas do concurso das outras; e, ainda, a consciência de que a ofensa desses interesses se reflete sobre todas elas, de onde há necessidade de garanti-los por um acordo comum.

Assim, pode-se dizer que o fundamento da cooperação internacional evoluiu e transmudou-se para o dever de assistência mútua entre os Estados. Em outros termos, "materializa-se com o ato de trabalhar em conjunto em busca de um fim comum de ganhos compartilhados"[37].

---

35. BEVILAQUA, Clovis. **Direito publico internacional: a synthese dos principios e a contribuição do Brasil.** 2 ed. Tomo I. Rio de Janeiro: Livraria Editora Freitas Bastos, 1939. p. 11.

36. Para BEVILAQUA, "a soberania é noção de direito público interno. É esse direito que nos diz como o Estado se constitui, que princípios estabelece, para regular a sua ação, e que direitos assegura aos indivíduos. Quando aparece, no campo do direito internacional, o Estado já se apresenta com a sua qualidade de soberano. O direito internacional respeita-a, acata-a, e o reconhecimento de um Estado pode (enquanto subsistir essa prática) ser interpretado como declaração, que os outros fazem, de que, na qualidade de soberano, pode ter ingresso na comunhão internacional". Resume em outras palavras que "o direito internacional não desconhece a soberania que o direito constitucional conceitua; mas, para ele, a soberania, é simplesmente, a personalidade do Estado, agindo, com a sua capacidade de exercer direitos e contrair obrigações internacionais, ao influxo da solidariedade dos interesses" (Idem. p. 56-57 e 61).

37. CASTRO, Tony Gean Barbosa de. **Crime organizado transnacional: cooperação jurídica internacional, direito penal transnacional e tutela dos direitos humanos.** Porto Alegre: Núria Fabris Editora, 2018. p. 25.

Essa consciência sobre a interdependência estatal, com a necessidade de flexibilização da concepção de soberania[38], foi intensificada no pós-Segunda Guerra e fez-se presente dentre os propósitos e princípios da Carta das Nações Unidas, assinada em São Francisco em 26 de junho de 1945[39].

A Carta Constitucional[40] brasileira de 1988, por sua vez, em seu artigo 4º, garante que as relações internacionais da República Federativa do Brasil serão regidas, entre outros, pelos princípios da prevalência dos direitos humanos e da cooperação entre os povos para o progresso da humanidade. Como vetor hermenêutico, o princípio da dignidade da pessoa humana e o conjunto de direitos fundamentais previstos constitucionalmente tornam-se indispensáveis à compreensão desta temática, que deve submeter-se, *exempli*

---

38. Para CASTRO, a realidade globalizada atual "não coloca em xeque a questão da soberania, antes renova sua conformação, forçando gradativamente a superação, no novo cenário da criminalidade transnacional, dos princípios clássicos da soberania fundada na inflexível territorialidade". (CASTRO, Tony Gean Barbosa de. **Crime organizado transnacional: cooperação jurídica internacional, direito penal transnacional e tutela dos direitos humanos.** Porto Alegre: Núria Fabris Editora, 2018. p. 37).

39. "Artigo 1 Os propósitos das Nações unidas são: 1. Manter a paz e a segurança internacionais e, para esse fim: tomar, coletivamente, medidas efetivas para evitar ameaças à paz e reprimir os atos de agressão ou outra qualquer ruptura da paz e chegar, por meios pacíficos e de conformidade com os princípios da justiça e do direito internacional, a um ajuste ou solução das controvérsias ou situações que possam levar a uma perturbação da paz; 2. Desenvolver relações amistosas entre as nações, baseadas no respeito ao princípio de igualdade de direitos e de autodeterminação dos povos, e tomar outras medidas apropriadas ao fortalecimento da paz universal; 3. Conseguir uma cooperação internacional para resolver os problemas internacionais de caráter econômico, social, cultural ou humanitário, e para promover e estimular o respeito aos direitos humanos e às liberdades fundamentais para todos, sem distinção de raça, sexo, língua ou religião; e 4. Ser um centro destinado a harmonizar a ação das nações para a consecução desses objetivos comuns". (TRATADO INTERNACIONAL. **Carta das Nações Unidas**. Disponível em: <https://nacoesunidas.org/wp-content/uploads/2017/11/A-Carta-das-Nações-Unidas>. Acesso em 10 março 2018).

40. BRASIL. **Constituição Federal**. Disponível em: <http://www.planalto.gov.br/ccivil_03/constituicao/constituicao.htm>. Acesso em 13 jan. 2018.

gratia, ao direito de acesso à justiça, ao devido processo legal e à vedação de provas ilícitas[41].

O texto constitucional então prevê algumas espécies de cooperação jurídica internacional, a saber, a carta rogatória e a homologação de sentença estrangeira (artigo 105, inciso I, alínea "i", CF) e, na área penal, acrescenta o instituto da extradição (artigo 105, inciso I, alínea "g", CF). Na procedimentalização dessa cooperação estão ainda o auxílio direto, a transferência de processo penal[42], a transferência da execução da pena, a equipe conjunta de investigação e, com caráter humanitário, a transferência de pessoas condenadas[43].

Esta última consiste em instrumento que permite a continuidade do cumprimento de pena no país de origem do preso, visando ao incremento de sua ressocialização, ao aproximá-lo de seu ambiente sociocultural e de sua família. Possui como requisitos a existência de tratado ou promessa de reciprocidade entre os Estados e sua anuência; transcurso do trânsito em julgado de sentença penal condenatória; requerimento do próprio preso e exequibilidade da medida requerida (cf. Portaria n° 572, de 11 de maio de 2016, do Ministério da Justiça e artigos 103 e 104 da Lei n° 13.445/2017).

Para compreensão do fenômeno da cooperação como um todo, a aproximar os Estados para o progresso da humanidade,

---

41. RAMOS, André de Carvalho. **O novo direito internacional privado e o conflito de fontes na cooperação jurídica internacional**. Revista da Faculdade de Direito, Universidade de São Paulo, v. 108, p. 621-647, 22 nov 2013. p. 627. Disponível em: <http://www.revistas.usp.br/rfdusp/article/view/67998/pdf_23>. Acesso em 18 set 2018.

42. Prevista em convenções bilaterais e multilaterais, consiste em permitir a continuidade, pelas autoridades da persecução criminal do Estado requerido, de investigação criminal ou processo penal em curso no Estado requerente, por interesse da administração da justiça, para garantir a punição de indivíduo que porventura não possa ser extraditado ou para centralizar instrução processual em andamento em diversos países.

43. Essa modalidade de cooperação jurídica internacional em matéria penal está prevista na Convenção Interamericana sobre o Cumprimento de Sentenças Penais no Exterior ou Convenção de Manágua (BRASIL. **Decreto n° 5.919/2006**. Disponível em: <http://www.planalto.gov.br/ccivil_03/_Ato2004-2006/2006/Decreto/D5919.htm>. Acesso em 05 set 2018) e na Lei nº 13.445/2017.

apresentar-se-ão, primeiramente, a autoridade central brasileira e as características gerais das diversas modalidades de cooperação jurídica em matéria penal, culminando na dissecção da extradição, seu instituto mais tradicional.

1.2.1. A Autoridade Central Brasileira

A Autoridade central é o órgão responsável por concentrar as atribuições relativas à condução da cooperação jurídica internacional. Seu conceito remonta à Convenção de Haia de 1965, que teve seu texto aprovado no Brasil por meio do Decreto Legislativo n° 153/2016.

É o ponto unificado de interlocução para tramitação dos pedidos de cooperação jurídica internacional, visando à consecução de efetividade e celeridade no cumprimento das demandas levadas a seu conhecimento e análise, devidamente compatibilizada com a segurança necessária a resguardar as garantias processuais. Para assegurar esta fluidez no trâmite de informações, os documentos intermediados pela autoridade central dispensam a chancela diplomática[44], sem retirar com isso a lisura do processo.

No Brasil, tal mister compete ao Departamento de Recuperação de Ativos e Cooperação Jurídica Internacional (DRCI)[45], subordinado à Secretaria Nacional de Justiça (SENAJUS) do Ministério da Justiça e Segurança Pública (MJSP)[46]. Este órgão figura como autoridade central na quase totalidade dos tratados bilaterais e multilaterais, à exceção dos pedidos de auxílio mútuo destinados

44. Ressalte-se que, na ausência de acordos internacionais, o Ministério das Relações Exteriores será instado a participar dos pedidos de cooperação ativos, encaminhando-os à representação brasileira no exterior e, posteriormente, recebendo da representação a resposta da autoridade estrangeira competente, para só então transmiti-la à autoridade central brasileira.

45. O DRCI/SENAJUS/MJSP foi criado em 18 de fevereiro de 2004, por meio do Decreto n° 4.991 e suas competências constam do Decreto n° 9.360/2018.

46. MINISTÉRIO DA JUSTIÇA E SEGURANÇA PÚBLICA. **Autoridade central.** Disponível em: <http://www.justica.gov.br/sua-protecao/cooperacao-internacional/autoridade-central-1>. Acesso em: 20 jan. 2018.

e oriundos de Portugal (cf. artigo 14 do Decreto n° 1.320/1994) e do Canadá (cf. artigo 11 do Decreto n° 6.747/2009)[47].

Compete ao DRCI/SENAJUS/MJSP, como autoridade central, cobrar o cumprimento e monitorar o andamento dos pedidos de cooperação jurídica internacional[48]. Nesta sistemática, aplica sua experiência – inclusive na verificação prévia da regularidade dos documentos – para imprimir celeridade à cooperação pretendida, sem fragilizar as garantias processuais, evitando ruídos na comunicação entre os Estados.

Cabe-lhe também coordenar a Rede Nacional de Laboratórios de Tecnologia Contra Lavagem de Dinheiro (Rede-Lab); negociar acordos de cooperação jurídica internacional; articular, integrar e propor ações entre os órgãos dos Poderes Executivo e Judiciário e o Ministério Público para o enfrentamento da corrupção, da lavagem de dinheiro e do crime organizado transnacional e, atuar nos procedimentos relacionados com a ação de indisponibilidade de bens, de direitos ou de valores (cf. Lei n° 13.170/2015)[49].

Os pedidos de cooperação ativos são recebidos, pelo DRCI/SENAJUS/MJSP, de autoridades judiciais, do Ministério Público ou da Polícia e encaminhados à autoridade central do Estado requerido.

---

47. Apenas nesses dois casos a autoridade central é o Ministério Público Federal, por meio de sua Assessoria de Cooperação Jurídica Internacional. No âmbito da Convenção de Auxílio Judiciário em Matéria Penal entre os Estados Membros da Comunidade dos Países de Língua Portuguesa – CPLP, conforme dispõe o artigo 1° do Decreto n° 8.861/2016, a autoridade central brasileira para cooperação jurídica internacional é o Ministério da Justiça, ressalvadas as hipóteses de registro e envio ao exterior de pedidos de cooperação de atribuição do Ministério Púbico da União e dos Ministérios Públicos dos Estados e do Distrito Federal e Territórios, bem como recepção e execução de pedidos oriundos de autoridades congêneres estrangeiras. Estas caberão à Procuradoria-Geral da República. (BRASIL. **Decreto n° 8.861/2016**. Disponível em: <http://www.planalto.gov.br/ccivil_03/_ato2015-2018/2016/decreto/D8861.htm>. Acesso em 05 dez 2018).

48. O órgão também concentra atribuições de cooperação jurídica internacional em matéria cível, contudo esta vertente não será objeto de estudo deste trabalho.

49. MINISTÉRIO DA JUSTIÇA. **DRCI**. Disponível em: <http://www.justica.gov.br/sua-protecao/lavagem-de-dinheiro/institucional-2>. Acesso em 07 set 2018.

No caminho inverso, ao receber pedidos de cooperação passivos, o DRCI/SENAJUS/MJSP os encaminha aos órgãos nacionais responsáveis por sua execução.

Visando a manutenção da paridade de armas[50], o direito ao contraditório[51] e à ampla defesa[52] e a busca da verdade real[53], en-

---

50. A paridade de armas consiste em exigir tratamento equânime (na medida de suas desigualdades) às partes no processo penal, possibilitando as mesmas oportunidades para demonstrar a verdade dos fatos, quer alegando, quer refutando as provas apresentadas. Trata-se de decorrência lógica do princípio da igualdade, estampado na cabeça do artigo 5º da Constituição Federal.

51. Cf. artigo 5º, inciso LV, da Constituição Federal. "O contraditório constitui, sem dúvida, elemento essencial ao fenômeno processual, especialmente pela imprescindível participação dos interessados no iter de formação do provimento destinado a interferir em sua esfera jurídica. Não se pode deixar de reconhecer, no entanto, que a intervenção dos interessados deve ser exercida mediante equitativa distribuição dos respectivos poderes, faculdades e deveres, de modo a haver efetiva correspondência e equivalência entre as posições contrapostas. Por outro lado, tal estrutura, necessariamente dialética, deve condizer com a dinâmica dialética do processo: a simetria, mútua implicação e substancial paridade das posições subjetivas traduz-se, para cada um dos participantes, na possibilidade de intervir de forma não episódica e, sobretudo, de exercer um conjunto de controles, reações e escolhas, bem como a necessidade de se submeter aos controles e reações alheias". (OLIVEIRA, Carlos Alberto Alvaro de. **O juiz e o princípio do contraditório: ensaio destinado à coletânea em homenagem a Alfredo Buzaid.** Porto Alegre: Revista da Faculdade de Direito UFRGS, nov 1993, p. 178-184. Disponível em <http://www.seer.ufrgs.br/revfacdir/article/download/68822/38922>. Acesso em 09 jan 2019).

52. "O ***instituto da ampla defesa*** é coextenso aos do contraditório e isonomia porque a amplitude da defesa se faz nos ***limites temporais*** do procedimento em contraditório. A amplitude da defesa não supõe infinitude de produção da defesa a qualquer tempo, porém, que esta se produza pelos meios e elementos jurídico-sistêmicos por alegações e provas no tempo processual oportunizado na lei. Há de ser ampla, porque não pode ser estreitada (comprimida) pela sumarização da ***cognitio*** a tal ponto de excluir a liberdade de reflexão cômoda dos aspectos jurídico-fundantes de sua produção eficiente. É por isso que, a pretexto de celeridade processual ou efetividade do processo, não se pode, de modo obcecado, suprindo deficiências de um Estado já anacrônico e jurisdicionalmente inviável, sacrificar o ***tempo*** da ***ampla defesa***, que supõe a oportunidade de exaurimento das articulações de direito e produção de prova". (LEAL, Rosemiro Pereira. **Teoria geral do processo: primeiros estudos.** 14 ed. Belo Horizonte: Fórum Conhecimento Jurídico, 2018. p. 156).

53. "Enquanto no processo civil em princípio o juiz pode satisfazer-se com a chamada ***verdade formal*** (ou seja, aquilo que resulta ser verdadeiro em face das provas

tende-se que este canal pode ser utilizado para obtenção de provas de interesse da defesa que, em sentido amplo, são, na realidade, de interesse da própria persecução penal. A fim de viabilizar e instrumentalizar a cooperação entre Estados, a defesa poderá requerer a cooperação a uma das autoridades nacionais legitimadas (a exemplo da Polícia e do Ministério Público) a encaminhar o pedido à autoridade central[54].

Uma vez estabelecidas as bases conceituais de cooperação jurídica internacional em matéria penal e o papel da autoridade central, convém compreender os instrumentos que a tornam possível.

1.2.2. Os Instrumentos de Cooperação Jurídica Internacional em Matéria Penal

1.2.2.1. A Carta Rogatória

A carta rogatória é um dos mecanismos mais tradicionais de cooperação jurídica, existente desde o Império. Tem por objeto atos não decisórios (a exemplo de citação, intimação, notificação judicial, colheita de provas e oitivas) ou decisão interlocutória e terá lugar quando à autoridade brasileira não couber cognição de mérito[55], mas apenas execução daquele ato proferido pela autoridade estrangeira.

---

carreadas aos autos), no processo penal o juiz deve atender à averiguação e ao descobrimento da ***verdade real*** (ou verdade material) como fundamento da sentença. A natureza pública do interesse repressivo exclui limites artificiais que se baseiem em atos ou omissões das partes". (CINTRA, Antonio Carlos de Araújo; GRINOVER, Ada Pellegrini e; DINAMARCO, Cândido Rangel. **Teoria geral do processo.** 31 ed. Revista e ampliada. São Paulo: Malheiros Editores, 2015. p. 89). Prefere-se utilizar a expressão verdade procedimentalmente possível, conquanto consiste na verdade que se consegue demonstrar, na busca aproximada por retratar os fatos tais como ocorreram.

54. Outras formas possíveis à defesa são: a) obtenção direta de provas no exterior e sua autenticação para validação no Brasil, mediante apresentação ao consulado brasileiro do local de emissão ou produção do documento (legalização consular); e b) remessa de documentos estrangeiros às autoridades brasileiras pelas vias diplomáticas.

55. "O mérito é o objeto do processo, é a pretensão processual do autor sobre a qual o juiz vai decidir. A pretensão processual, por sua vez, no ato da demanda,

Se concretiza, como carta rogatória passiva, quando o Estado requerente solicita ao Brasil que execute ato de autoridade judiciária estrangeira, cabendo ao Superior Tribunal de Justiça (cf. artigo 105, I, "i", da CF/88) a competência para proferir o *exequatur* (cumpra-se), após juízo de delibação - que consiste na análise de aspectos formais para verificação de competência, inexistência de coisa julgada, existência de prévio contraditório e não-ofensa à ordem pública (cf. artigos 780 e seguintes do Código de Processo Penal). Neste último caso, perfaz-se análise meritória, contudo, sem cognição exauriente[56].

Em um segundo momento, após o juízo de delibação positivo, ou seja, verificados como existentes os pressupostos necessários ao *exequatur*, caberá ao juízo federal competente (conforme critério territorial) executar o ato processual requerido que, a este tempo, poderá produzir efeitos no Brasil. Uma vez cumpridas as diligências, retorna-se o processo ao STJ, que o encaminhará à autoridade central. Daí seguirá ao Estado requerente pela autoridade central ou pelas vias diplomáticas, a depender da existência ou não de previsão em tratado da comunicação direta entre as autoridades centrais dos países em cooperação.

Essa burocrática processualística da carta rogatória não se coaduna com o dinamismo exigido pela realidade contemporânea de intensa circulação internacional de bens, pessoas e capitais.

---

consubstancia-se no pedido realizado na petição inicial. Decidir o mérito, portanto, é julgar o pedido do autor". (COSTA, Suzana Henriques da. **Condições da ação**. São Paulo: Quartier Latin, 2005. p. 85). Nas palavras de DINAMARCO, "quer se acolha ou rejeite a demanda do autor, julgar o mérito é dispor sobre a pretensão deduzida". (DINAMARCO, Cândido Rangel. **Capítulos de sentença**. 4.ed. São Paulo, Malheiros: 2009. p. 51).

56. Entende-se por cognição exauriente aquela que o juiz forma depois de toda a instrução probatória, implicando o desfecho do conflito de interesse levado à tutela jurisdicional. Distingue-se da cognição sumária, uma vez que esta normalmente é definida no início do processo, quando sob análise uma tutela de urgência, em sentido amplo, a fim de garantir o resultado útil do processo.

Por esta razão, a cooperação jurídica internacional tratou de desenvolver novos mecanismos capazes de dar efetividade à cooperação e, em última instância, ao próprio processo ou procedimento em trâmite no Estado requerente.

Como bem acentuam SAADI e BEZERRA, a cooperação jurídica internacional e seu aprimoramento refletem a necessidade dos Estados de frearem aspectos negativos da globalização, consistentes na desconstrução de fronteiras para a consumação de ilícitos penais, com o fim de obstaculizar a persecução penal. Exigiu-se, destarte, que seus institutos tradicionais – a extradição e a carta rogatória – ganhassem roupagens contemporâneas e novos mecanismos fossem criados, a fim de atender às demandas das relações contemporâneas e garantir a efetividade da justiça[57].

É nesse contexto que o auxílio direto surge no Brasil, no final dos anos noventa, com o objetivo de imprimir maior celeridade à cooperação e garantir sua aplicabilidade e eficiência nos casos em que as clássicas figuras de homologação de sentença estrangeira e carta rogatória mostravam-se impróprias ou descabidas[58].

1.2.2.2. A Homologação de Sentença Estrangeira

A homologação de sentença estrangeira é o procedimento que confere validade, no Brasil, à decisão definitiva de autoridade

57. SAADI, Ricardo Andrade e BEZERRA, Camila Colares. **A autoridade central no exercício da cooperação jurídica internacional.** *In:* Manual de Cooperação Jurídica Internacional e Recuperação de Ativos. 2. ed. Brasília: Ministério da Justiça, 2012. p. 22. Disponível em: <http://www.tjsp.jus.br/Download/Corregedoria/CartasRogatorias/Documentos/ManualExpedCRPenal.pdf>. Acesso em 25 maio 2018.

58. Consoante BECHARA, "a gênese do instrumento do auxílio direto está evidentemente associada à ineficiência das cartas rogatórias, notadamente pelo fato de que as medidas de caráter executivo solicitadas sempre foram consideradas atentatórias à soberania nacional". (BECHARA, Fábio Ramazzini. **Cooperação jurídica internacional em matéria penal: eficácia da prova produzida no exterior.** São Paulo: Saraiva, 2011. p. 55).

estrangeira, de natureza jurisdicional. De forma assemelhada à carta rogatória, o Superior Tribunal de Justiça fará a análise formal da sentença penal objeto do pedido de cooperação e realizará seu juízo de delibação, observando apenas o respeito à ordem pública e à soberania[59].

No Brasil, caberá a homologação de sentença penal estrangeira, desde que a aplicação da lei brasileira produza, na espécie, as mesmas consequências, restringindo-se seu alcance no que toca à reparação do dano por parte do condenado ou na aplicação de medida de segurança aos inimputáveis, conforme dispõe o artigo 9°, incisos I e II do Código Penal.

1.2.2.3. *A Transferência de Execução da Pena*

A transferência de execução da pena é instituto que visa evitar a impunidade de criminoso que se evade do local da culpa e busca refúgio em seu país de nacionalidade para se furtar do cumprimento de sentença penal condenatória. Consiste em pedido do Estado da condenação ao Estado de nacionalidade do foragido para que este assuma a execução da pena[60]. Observa-se, pela intelecção do artigo 100 da Lei nº 13.445/2017, que o instituto também se traduz na possibilidade de o Estado requerente solicitar ao Estado requerido autorização para que, neste, o condenado cumpra pena, desde que ali possua residência habitual ou vínculo pessoal, nas hipóteses de

---

59. Conforme artigos 15 e 17 da Lei de Introdução às Normas do Direito Brasileiro (Decreto-Lei n° 4657/1942), artigos 960 a 965 do Código de Processo Civil e artigos 216-A a 216-N do Regimento Interno do Superior Tribunal de Justiça (RISTJ). (BRASIL. SUPERIOR TRIBUNAL DE JUSTIÇA. **Regimento interno.** Disponível em: <https://ww2.stj.jus.br/publicacaoinstitucional/index.php/Regimento/issue/view/1/showToc>. Acesso em 21 jan 2019). Ver ainda: artigos 787 a 790 do Código de Processo Penal.

60. MINISTÉRIO DA JUSTIÇA E SEGURANÇA PÚBLICA. **Transferência de execução da pena**. Disponível em: <www.justica.gov.br/sua-protecao/cooperacao-internacional/transferencia-de-execução-da-pena>. Acesso em 20 jan 2019.

cabimento de solicitação de extradição executória (este conceito será trazido no capítulo 2 deste trabalho).

É instrumento de cooperação jurídica recente no Brasil, tendo sua previsão no Tratado de Transferência de Pessoas Condenadas e Execução de Penas Impostas por Julgamentos entre a República Federativa do Brasil e o Reino dos Países Baixos (firmado em Haia, em 2009 e internalizado por meio do Decreto nº 7.906/2013) e na Lei n° 13.445/2017.

A Lei de Migração prevê que, nas hipóteses em que couber solicitação de extradição executória, a autoridade competente poderá solicitar ou autorizar a transferência de execução de pena, desde que observado o princípio do *non bis in idem* (cf. artigo 100). Esta modalidade de cooperação jurídica internacional possui como requisitos o fato de o condenado ser brasileiro ou ter residência habitual ou vínculo pessoal no Brasil; o trânsito em julgado da sentença penal condenatória; a duração de pelo menos um ano da condenação a cumprir, a contar da data de apresentação do pedido ao Estado da condenação; o fato constituir infração penal também no Brasil; e existir tratado ou promessa de reciprocidade.

1.2.2.4. A Equipe Conjunta de Investigação

A equipe conjunta de investigação (ECI) é composta por um grupo designado por dois ou mais Estados (formado por autoridades judiciais, policiais e administrativas), que tem por objetivo a coordenação de esforços para otimização da investigação criminal transnacional, com a cooperação direta entre seus integrantes.

Apresenta-se como possibilidade para que provas colhidas em determinado Estado sejam tidas como válidas para a persecução criminal de outro Estado, de forma mais célere e desburocratizada, tornando mais próximas as estruturas de investigação e persecução dos diversos países e fluida a troca de informações.

A figura da equipe conjunta de investigação está prevista na Convenção de Viena de 1988, ao tratar da detecção e repressão ao tráfico ilícito de drogas e substâncias psicotrópicas (cf. artigo 9)[61]; na Convenção de Palermo, de 2000, que versa sobre o crime organizado transnacional (cf. artigo 19)[62]; na Convenção de Mérida, de 2003, sobre corrupção (cf. artigo 49)[63] e na Lei nº 13.344/2016, que

61. "1- As Partes Colaborarão estreitamente entre si, em harmonia com seus respectivos ordenamentos jurídicos e sua administração, com o objetivo de aumentar a eficácia das medidas de detecção e repressão, visando à supressão da prática de delitos estabelecidos no parágrafo 1 do Artigo 3. Deverão fazê-lo, em particular, com base nos acordos ou ajustes bilaterais ou multilaterais:
[...]
c) quando for oportuno, e sempre que não contravenha o disposto no direito interno, criar equipes conjuntas, levando em consideração a necessidade de proteger a segurança das pessoas e das operações, para dar cumprimento ao disposto neste parágrafo. Os funcionários de qualquer umas das Partes, que integrem as equipes, atuarão de acordo com a autorização das autoridades competentes da Parte em cujo território se realizará a operação. Em todos os casos, as Partes em questão velarão para que seja plenamente respeitada a soberania da parte em cujo território se realizará a operação". (BRASIL. **Decreto nº 154/1991.** Disponível em: <http://www.planalto.gov.br/ccivil_03/Decreto/1990-1994/D0154.htm>. Acesso em 22 ago 2018).

62. "Os Estados Partes considerarão a possibilidade de celebrar acordos ou protocolos bilaterais ou multilaterais em virtude dos quais, com respeito a matérias que sejam objeto de investigação, processos ou ações judiciais em um ou mais Estados, as autoridades competentes possam estabelecer órgãos mistos de investigação. Na ausência de tais acordos ou protocolos, poderá ser decidida casuisticamente a realização de investigações conjuntas. Os Estados Partes envolvidos agirão de modo a que a soberania do Estado Parte em cujo território decorra a investigação seja plenamente respeitada". (BRASIL. **Decreto nº 5.015/2004.** Disponível em: <http://www.planalto.gov.br/ccivil_03/_ato2004-2006/2004/decreto/d5015.htm>. Acesso em 22 ago 2018).

63. "Os Estados Partes considerarão a possibilidade de celebrar acordos ou tratados bilaterais ou multilaterais em virtude dos quais, em relação com questões que são objeto de investigações, processos ou ações penais em um ou mais Estados, as autoridades competentes possam estabelecer órgãos mistos de investigação. Na falta de tais acordos ou tratados, as investigações conjuntas poderão levar-se a cabo mediante acordos acertados caso a caso. Os Estados Partes interessados velarão para que a soberania do Estado Parte em cujo território se efetua a investigação seja plenamente respeitada". (BRASIL. **Decreto nº 5.687/2006.** Disponível em: <http://www.planalto.gov.br/ccivil_03/_ato2004-2006/2006/decreto/d5687.htm>. Acesso em 16 jun. 2018).

trata da prevenção e repressão ao tráfico interno e internacional de pessoas e medidas de atenção às vítimas (cf. artigo 5°)[64].

Observa-se que as Convenções das Nações Unidas (ONU) preveem apenas a possibilidade de criação da equipe conjunta de investigação, mas não sua forma ou condições de funcionamento. Assim, malgrado o Brasil seja signatário dessas Convenções, pois todas estão internalizadas no ordenamento jurídico brasileiro, repita-se: não há regulamentação nestes instrumentos para a operacionalização das equipes conjuntas de investigação.

A despeito da existência do princípio de que a cooperação jurídica internacional deve ser a mais ampla possível e do princípio da boa-fé[65], o qual exige a cooperação, sem reservas ou desconfianças, de um Estado com relação aos demais, entende-se, entretanto, serem necessários mais que preceitos programáticos para permitir que provas coletadas por equipe de investigação de determinado país possam tramitar diretamente entre os integrantes das equipes de investigação de outros Estados – a quem a prova possa interessar – sem ser contaminada ou maculada por nulidade, por amor ao respeito à cadeia de custódia da prova[66] no processo penal e ao devido processo legal.

É importante destacar que na XIV Reunião Plenária da ENCCLA (Estratégia Nacional de Combate à Corrupção e à Lavagem de

---

64. "Art. 5º A repressão ao tráfico de pessoas dar-se-á por meio:
I - da cooperação entre órgãos do sistema de justiça e segurança, nacionais e estrangeiros;
II - da integração de políticas e ações de repressão aos crimes correlatos e da responsabilização dos seus autores;
III- da formação de equipes conjuntas de investigação". (BRASIL. **Lei nº 13.344/2016**. Disponível em: <http://www.planalto.gov.br/ccivil_03/_ato2015-2018/2016/lei/L13344.htm>. Acesso em 24 jan. 2018).

65. Conceba-se por boa-fé a expectativa de que as partes e, no caso, os Estados, se comportem dentro de um padrão ético, de forma coerente, a fim de que cumpram com aquilo que restou acordado entre eles.

66. Entende-se por cadeia de custódia a documentação cronológica das evidências, de modo a garantir a integridade da prova.

Dinheiro), realizada em Natal/RN, no período de 28 de novembro a 2 de dezembro de 2016, por meio da Ação 9, foi proposta a criação de instrumentos capazes de incrementar a cooperação jurídica internacional, no sentido de possibilitar a formação de equipes conjuntas de investigação transnacional nas áreas de combate à corrupção e à lavagem de dinheiro.

A ação, sob a coordenação do DRCI/SENAJUS/MJSP, atuando a Polícia Federal e o Ministério Público Federal como coordenadores-adjuntos, concluiu, ao final, por elaborar anteprojeto de normatização nacional sobre equipes conjuntas de investigação. Resultou em avanços nas discussões sobre o procedimento de internalização legislativa do Acordo Quadro de Cooperação entre os Estados Partes do MERCOSUL e Estados Associados para a Criação de Equipes Conjuntas de Investigação[67], de 2010 e no posicionamento favorável acerca da possibilidade de criação e funcionamento de ECI no Brasil, com base nas Convenções da ONU ou nos acordos bilaterais já exis-

67. Esse acordo – que teve seu texto assinado em San Juan, na Argentina, no ano de 2010 – prevê a criação de equipes conjuntas de investigação no Mercosul. O Projeto de Decreto Legislativo n° 787/2017 foi aprovado pelas Comissões de Segurança Pública e Combate ao Crime Organizado (em 29.11.2017); de Relações Exteriores e de Defesa Nacional (em 06.12.2017); e, de Constituição e Justiça e de Cidadania (em 05.06.2018). Foi aprovado pelo Plenário da Câmara dos Deputados em 04.09.2018 e encaminhado ao Senado Federal por meio do Of. nº 1.018/18/SGM-P, no dia 05.09.2018. (BRASIL. CÂMARA DOS DEPUTADOS. **PDC** n° 787/2017. Disponível em: <http://www.camara.gov.br/proposicoesWeb/fichadetramitacao?idProposicao=2155152>. Acesso em 16 set 2018). No Senado, ganhou o n° 104/2018 e, em 17.10.2018, o texto do Acordo Quadro de Cooperação entre os Estados Partes do Mercosul e Estados Associados para a Criação de Equipes Conjuntas de Investigação foi aprovado, tendo o Decreto Legislativo n° 162 sido promulgado em 19.10.2018. (BRASIL. SENADO FEDERAL. **Projeto de Decreto Legislativo** n° 104/2018. Disponível em: <https://www25.senado.leg.br/web/atividade/materias/-/materia/134231>. Acesso em 21 out 2018). Esta internalização no direito brasileiro corresponderá à base jurídica imprescindível à realização de investigações conjuntas entre autoridades brasileiras e dos demais Estados Partes, para a repressão da criminalidade transnacional. Vale registrar, entretanto, que somente a Argentina e o Brasil ratificaram o acordo e, para permitir que este entre em vigor no âmbito internacional, faz-se necessária sua ratificação por mais dois integrantes do MERCOSUL.

tentes entre o Brasil e outros Estados que versam sobre cooperação jurídica internacional em matéria penal[68].

Há de se ressaltar a evolução do Brasil ao permitir a constituição de equipe conjunta de investigação no âmbito do MERCOSUL, como instrumento de cooperação técnica específica, criada com finalidade e tempo determinados, conforme aprovado por meio do Decreto Legislativo nº 162, de 19 de outubro de 2018. Não bastasse, os Ministérios Públicos do Brasil e de Portugal, aos 24.11.2018, durante o XVI Encontro de Procuradores-Gerais da Comunidade dos Países de Língua Portuguesa (CPLP), oficializaram declaração de intenções de criar equipes conjuntas de investigação, notadamente nas investigações de corrupção, lavagem de dinheiro, tráfico de drogas e crimes correlatos, lastreados pela Convenção de Auxílio Judiciário em Matéria Penal entre os Estados-Membros da CPLP[69].

Estes instrumentos, com a regulamentação da ECI, trarão agilidade na obtenção de provas, especialmente nas investigações de crimes complexos. Nos casos em que não for possível a criação de ECI, as provas deverão ter seu trâmite efetivado via autoridades centrais dos respectivos países, utilizando-se de método como o auxílio direto, para garantir a celeridade que se pretende alcançar ou ser encaminhadas na figura do fornecimento espontâneo de provas ou transmissão espontânea de informações[70] e recebidas como

---

68. Esses dados estão disponíveis em: <http://enccla.camara.leg.br/acoes/acoes-de-2017>. Acesso em 30 jun 2018.

69. BRASIL. MINISTÉRIO PÚBLICO FEDERAL. **MPs do Brasil e Portugal firmam documento para criação de equipes conjuntas de investigação.** Disponível em: <http://www.mpf.mp.br/pgr/noticias-pgr/mps-do-brasil-e-portugal-assinam-documento-para-criacao-de-equipes-conjuntas-de-investigacao-ecis>. Acesso em 05 dez 2018.

70. Para BECHARA, a comunicação espontânea consiste no intercâmbio de informações responsáveis por dinamizar a atuação estatal. Segundo o autor, a partir desses dados pode-se inaugurar uma investigação. Ademais, "como prova, a sua eficácia dependerá da observância do marco de garantias incidente sobre a atividade probatória". (BECHARA, Fábio Ramazzini. **Cooperação jurídica internacional em matéria penal: eficácia da prova produzida no exterior.** São Paulo: Saraiva, 2011. p. 164). Esta figura de cooperação jurídica internacional, que deve ser levada a efeito por meio das autoridades centrais, está prevista expressamente, a título

notícia de crime ou como prova a robustecer conjunto probatório existente em investigação criminal ou processo penal.

1.2.2.5. O Auxílio Direto

O auxílio direto (*mutual legal assistance*) é o instituto por meio do qual o Estado requerente entrega a cognição de maneira ampla à autoridade requerida, sem necessidade de juízo de delibação.

Trata-se, segundo CASTRO, de um instrumento que serve à simplificação dos trâmites processuais, celeridade e consecução de efetividade na persecução criminal, para coleta de provas e troca de informações entre Estados soberanos, por meio de cooperação jurídica internacional, sem os entraves do juízo de delibação[71].

Para FORNAZARI JUNIOR, é o instituto que permite o intercâmbio de provas – entre Estados ou entre estes e organismos internacionais – no interesse de investigação ou processo criminal, efetivado por meio de uma autoridade central[72]. É instrumento que se presta a toda e qualquer medida, dentro do processo penal, à exceção da restrição de liberdade[73].

---

exemplificativo, no Tratado de Cooperação Jurídica em Matéria Penal entre o Governo da República Federativa do Brasil e a Confederação Suíça (artigo 29 do Decreto nº 6.974/2009) e na Convenção das Nações Unidas Contra a Corrupção (artigo 46 do Decreto nº 5.687/2006).

71. CASTRO, Tony Gean Barbosa de. **Crime organizado transnacional: cooperação jurídica internacional, direito penal internacional e tutela dos direitos humanos.** Porto Alegre: Núria Fabris Editora, 2018. p. 134.

72. FORNAZARI JUNIOR, Milton. **Cooperação jurídica internacional: auxílio direto penal.** 2.ed. Rio de Janeiro: Lumen Juris, 2017. p. 48.

73. Em matéria cível, o instituto é destacado no Código de Processo Civil (CPC), e se presta a obter: a) informações sobre o ordenamento jurídico e sobre os processos administrativos ou jurisdicionais findos ou em curso; b) colheita de provas, salvo se a medida for adotada em processo, em curso no estrangeiro, de competência exclusiva de autoridade judiciária brasileira; e c) qualquer outra medida judicial ou extrajudicial não proibida pela lei brasileira (cf. artigo 30).

O que difere o auxílio direto das demais formas de cooperação internacional é a possibilidade de conhecimento amplo dos fatos, análise do cabimento da medida, do procedimento adequado para sua consecução e, tomada de decisão nacional (de mérito, com a análise do tema de fundo), observados o devido processo legal e a ampla defesa.

Assim, não restam dúvidas que o auxílio direto é, atualmente, o mecanismo de cooperação jurídica mais versátil e capaz de satisfazer às exigências da sociedade moderna de diminuição das distâncias físicas.

Em matéria penal, por exemplo, pode ser utilizado até mesmo para implementar medidas restritivas de direito, como o sequestro de bens. Neste viés, a desburocratização deve caminhar lado a lado com a manutenção da cadeia de custódia e respeito aos direitos fundamentais, sob pena de suscitar nulidades de prova.

Evidencia-se, destarte, que a cooperação jurídica internacional tem o condão de promover e estimular o respeito à liberdade e aos direitos humanos, razão pela qual é imperiosa a necessidade de implementação de diálogo internacional efetivo.

Para tanto, imprescindível a introjeção de nova mentalidade, a permitir que mecanismos sejam desenvolvidos, concebidos e aceitos, oportunizando que a cooperação jurídica acompanhe a mutabilidade social e a internacionalização de suas relações.

Esta atualização em cotejo com a realidade histórico-econômico-social foi o que se buscou com a Lei nº 13.445/2017 (Lei de

---

Neste diapasão, não caberá o auxílio direto quando a decisão estrangeira depender de homologação nacional ou análise de suas formalidades, e será viável quando se buscar comunicar atos processuais, obter provas e medidas cautelares e ouvir testemunhas.

Segundo dispõe o CPC, qualquer órgão (mesmo de natureza administrativa) pode solicitar o auxílio direto à autoridade central, que se comunicará com suas congêneres no exterior e com os órgãos internos responsáveis para a adoção das providências solicitadas no pedido de cooperação, otimizando e flexibilizando o processo de cumprimento dos atos internacionais.

Migração) – que revogou o Estatuto do Estrangeiro – e as alterações trazidas ao instituto da extradição.

Nesta perspectiva de conjugar os instrumentos de cooperação com as necessidades impostas pelas mutações sociais, DEL'OLMO destaca a premência de se buscar novos meios de coibir as práticas delitivas atuais. Neste passo, no que se refere à extradição, prega sua inevitável adaptação conceitual às exigências da comunidade internacional[74].

O próximo capítulo versará sobre o estudo da extradição, trazendo o escorço histórico do instituto, a compreensão de seu conceito, sua dogmática jurídica, bem como o posicionamento da Corte Constitucional brasileira no tratamento do tema.

74. DEL'OLMO, Florisbal de Souza. **A extradição no alvorecer do século XXI.** Rio de Janeiro: Renovar, 2007. p. 238.

2

A EXTRADIÇÃO

2.1. COMPREENSÃO DO INSTITUTO

Extraditar, na etimologia da palavra, significa enviar, devolver, entregar[75]. Pode ser definida como o ato pelo qual um Estado entrega a outro um indivíduo, para ser processado criminalmente ou para o cumprimento de pena, desde que o Estado requerente seja competente para processá-lo ou puni-lo.

ACCIOLY enriquece sua percepção ao conceituar extradição como "o ato mediante o qual um estado entrega a outro estado indivíduo acusado de haver cometido crime de certa gravidade ou que já se ache condenado por aquele, após haver-se certificado de que os direitos humanos do extraditando serão garantidos" [76]. Merecem destaque duas observações pontuadas pelo autor, quais sejam, a

---

75. Definições contidas em: **Extraditar.** Dicionário de Português Online. Disponível em: <https://www.lexico.pt/extraditar/>. Acesso em 16 jan 2019 e; **Extraditar.** Dicionário Brasileiro da Língua Portuguesa Michaelis. Editora Melhoramentos, 2019. Disponível em: <https://michaelis.uol.com.br/moderno-portugues/busca/portugues-brasileiro/extraditar/>. Acesso em 16 jan 2019.

76. SILVA, G.E. do Nascimento e; ACCIOLY Hildebrando; CASELLA, Paulo Borba. **Manual de direito internacional público.** 17. Ed. São Paulo: Saraiva, 2009. p. 499.

gravidade do delito perpetrado e a garantia do respeito aos direitos humanos do extraditando[77].

Nos dizeres de RUSSOMANO, "a etimologia mais correta, por conseguinte, da palavra *extradição* é a que faz provir de um neologismo de formação erudita constituído por dois vocábulos latinos: *ex*, que quer dizer fora, e *traditio*, que quer dizer levar, entregar, transportar"[78].

Distingue-se da deportação e da expulsão, ambas medidas de retirada compulsória, pois a primeira decorre de situação migratória irregular em território nacional (cf. artigo 50 da Lei n° 13.445/2017) enquanto a segunda consiste na retirada, conjugada com o impedimento de reingresso por prazo determinado de migrante ou visitante, também do território nacional (cf. artigo 54 da Lei n° 13.445/2017)[79].

---

77. Os direitos humanos, pela concepção de MAZZUOLI, "são direitos protegidos pela ordem internacional (especialmente por meio de tratados multilaterais, globais ou regionais) contra as violações e arbitrariedades que um Estado possa cometer às pessoas sujeitas à sua jurisdição. São direitos indispensáveis a uma vida digna e que, por isso, estabelecem um nível protetivo (***standard***) mínimo que todos os Estados devem respeitar, sob pena de responsabilidade internacional. Assim, os direitos humanos são direitos que garantem às pessoas sujeitas à jurisdição de um Estado meios de vindicação de seus direitos, para além do plano interno, nas instâncias internacionais de proteção". (MAZZUOLI, Valerio de Oliveira. **Curso de direitos humanos.** 2.ed. rev., atual. e ampl. São Paulo: Método, 2015. p. 24-25.)

78. RUSSOMANO, Gilda Maciel Corrêa Meyer. **A extradição no direito internacional e no direito brasileiro.** 3 ed. rev. e atualizada. São Paulo: Editora Revista dos Tribunais, 1981. p. 14.

79. "O procedimento tem início com a instauração de inquérito pela Polícia Federal, garantindo-se o contraditório e a ampla defesa. Ao final da instrução, o processo é encaminhado ao Ministério da Justiça para análise e decisão. Constatando-se os requisitos da expulsão é publicada a portaria no Diário Oficial da União, permitindo que o interessado entre com pedido de reconsideração dentro do prazo de 10 dias após a sua notificação pessoal. A efetivação da expulsão é realizada pela Polícia Federal após o cumprimento da pena ou a liberação pelo Poder Judiciário". (MINISTÉRIO DA JUSTIÇA E SEGURANÇA PÚBLICA. **Brasil determinou expulsão de 375 criminosos no ano passado.** Disponível em <www.justica.gov.br/news/brasil-determinou-expulsao-de-375-criminosos-no-ano-passado>. Acesso em 20 jan. 2019). Ver artigos 202 a 204 do Decreto n° 9199/2017.

Destaca-se ainda como distinção entre os institutos o fato de que tanto na deportação quanto na expulsão, a retirada se dá única e exclusivamente por iniciativa do país em que o estrangeiro está, ao passo que a extradição depende de provocação do Estado competente para julgar ou punir o foragido.

Para alguns estudiosos, os primeiros casos de extradição, mesmo que conceitualmente germinativos, remetem à história antiga. Para eles, por exemplo, Sansão foi extraditado para a Filístia por ter destruído trigais, vinhedos e olivais, impulsionado por paixão – o que afasta sua conduta de qualquer motivação religiosa ou política[80], objetivos estes que caracterizaram a extradição em um período de sua evolução.

Para RUSSOMANO, entretanto, "o emprego inicial da palavra extradição se verificou em data mais ou menos recente, tendo sido usada, pela primeira vez, em documentos oficiais, segundo indica Manuel J. Sierra, no ano de 1791, na França"[81]. Consoante a autora, há ainda alguns juristas que creditam ao instrumento firmado entre o Rei Carlos V, da França, e o Conde de Sabóia, no ano de 1376, o título de primeiro tratado internacional em que, de fato, o tema extradição foi abordado[82].

---

80. É o que defende MIRANDA, Neemias Carvalho, em seu livro **Extradição: decisões contraditórias no Supremo Tribunal Federal.** Rio de Janeiro: Editora Lumen Juris, 2010. p. 21-22. Para RUSSOMANO, entretanto, estes episódios não ultrapassam a ideia de primeiros vestígios e precedentes do instituto, frutos de ameaças e violências recíprocas (RUSSOMANO, Gilda Maciel Corrêa Meyer. **A extradição no direito internacional e no direito brasileiro.** 3.ed. revisada e atualizada. São Paulo: Editora Revista dos Tribunais, 1981. p. 15).

81. SIERRA, Manoel J. **Tratado de derecho internacional público**, *apud* RUSSOMANO, Gilda Maciel Corrêa Meyer. **A extradição no direito internacional e no direito brasileiro.** 3. ed. revisada e atualizada. São Paulo: Editora Revista dos Tribunais, 1981. p. 15.

82. DEL'OLMO considera este o primeiro tratado que admitiu a extradição para presos comuns e não mais para presos políticos, como se cogitava anteriormente. (DEL'OLMO, Florisbal de Souza. **A extradição no alvorecer do século XXI.** Rio de Janeiro: Renovar, 2007. p. 17).

Este pacto consistia em impedir que criminosos de determinado território se asilassem em outro, o que representou transição da compreensão do instituto, deixando de ser reflexo dos interesses individuais dos soberanos da época[83], não mais se confundindo com entrega de prisioneiros de guerra ou desertores. Passou então a cuidar daqueles que se evadiam ao território de outro Estado após terem cometido atos atentatórios ou violadores dos sentimentos coletivos de justiça e paz social.

Pode-se dizer que a extradição se desenvolveu a partir da mútua cooperação entre os Estados, detentores do *ius puniendi*, decorrente da necessidade de preservação da segurança pública e da ordem social, em contraposição ao crime, à impunidade e à insegurança dela decorrente[84]. Neste viés, não há como dissociar a compreensão do ideal de justiça da intelecção e garantia dos direitos humanos.

Esta expressão concatenada de soberania dos Estados e cooperação internacional que resulta no pedido de extradição possui em seu núcleo razões bem delineadas, como sintetiza BENTHAM, pois "a pena é tanto mais útil quanto mais exata e tanto mais exata quanto mais próxima se encontra do crime, no tempo e no espaço"[85].

Ou seja, a extradição se torna necessária não apenas para a consecução da efetividade da persecução criminal, mas para a garantia da ampla defesa e do devido processo legal, porquanto

---

83. RUSSOMANO, Gilda Maciel Corrêa Meyer. **A extradição no direito internacional e no direito brasileiro.** 3.ed. revisada e atualizada. São Paulo: Editora Revista dos Tribunais, 1981. p. 19.

84. Ou, nos dizeres de BEVILAQUA: "o instituo da extradição se organizou, como cooperação dos Estados, para a defesa da ordem social contra o crime, para a defesa da vida jurídica, em sua luta contra a força desorganizadora da impiedade e da injustiça" (BEVILAQUA, Clovis. **Direito publico internacional: a synthese dos principios e a contribuição do Brasil.** 2 ed. Tomo II. Rio de Janeiro: Livraria Editora Freitas Bastos, 1939. p. 109).

85. Bentham, ***Théorie des Peines et des Recompenses***. Liv. I, Cap. XI, in *"Oeuvres de Jerémie Bentham"*, vol. 2, p. 27, 1840, Bruxelas *apud* RUSSOMANO, Gilda Maciel Corrêa Meyer. **A extradição no direito internacional e no direito brasileiro.** 3.ed. revisada e atualizada. São Paulo: Editora Revista dos Tribunais, 1981. p.2.

a colheita de provas no local em que o crime ocorreu é fator de facilitação da busca da verdade procedimentalmente possível[86] no sistema jurídico de cada país.

A corroborar este entendimento, BEVILAQUA defende que a lei penal violada é aquela que deve reagir ao crime e, por conseguinte, ao criminoso, pois é exatamente o *forum delicti commissi* que oferece melhor a garantia de defesa qualificada[87].

A extradição pode ser instrutória ou executória. É instrutória quando o Estado requer a extradição para fins de processar indivíduo a quem se atribui crime comum, conquanto estejam evidenciadas autoria e materialidade delitivas em processo penal em curso. É executória quando o extraditando já foi processado e julgado culpado por crime comum no Estado requerente, restando-lhe, portanto, o cumprimento de pena privativa de liberdade.

Pode ainda ser classificada em ativa, quando o Estado requer a entrega e passiva, quando o país é o destino do foragido e responsável pela análise e decisão acerca do pedido de extradição.

O instituto, repita-se, tem como fundamento a solidariedade entre os Estados, ou seja, o dever (moral) de assistência mútua[88], além da necessidade de evitar que o criminoso fique impune, por buscar abrigo em fronteiras além daquelas em que cometeu ilícitos criminais, entendidos estes como agressões aos bens jurídicos mais caros à determinada sociedade[89].

---

86. Ver FERRAJOLI, Luigi. **Direito e razão: teoria do garantismo penal.** Traduzido por Ana Paula Zomer, Fauzi Hassan Choukr, Juarez Tavares e Luiz Flávio Gomes. São Paulo: Editora Revista dos Tribunais, 2002.

87. BEVILAQUA, Clovis. **Direito publico internacional: a synthese dos principios e a contribuição do Brasil.** 2 ed. Tomo II. Rio de Janeiro: Livraria Editora Freitas Bastos, 1939. p. 120.

88. No mesmo sentido, RUSSOMANO entende que a extradição pode ser concebida como um verdadeiro dever recíproco entre os Estados. (RUSSOMANO, Gilda Maciel Corrêa Meyer. **A extradição no direito internacional e no direito brasileiro.** 3.ed. revisada e atualizada. São Paulo: Editora Revista dos Tribunais, 1981. p. 27).

89. Nas palavras de PINHEIRO, Giulia Manccini e MAIDANA, Javier Rodrigo, no artigo **O processo de extradição no sistema brasileiro**, "a extradição é o principal

Conforme ARAÚJO[90]:

> A concessão da extradição encontra seu fundamento na solidariedade que deve reinar entre todos os membros da comunidade internacional, (*punire aut dedere*) os quais têm necessidade de reprimir os atos delituosos buscando nesse intercâmbio de relações que deve reinar entre todos, que a paz social seja respeitada e mantida.

A extradição poderá ser concedida com base em tratado internacional (acordo multi ou bilateral)[91] ou, na ausência deste,

---

modelo de cooperação penal, pois envolve não somente uma intrusão na soberania de um determinado país, como uma interferência no direito humano mais fundamental, a liberdade do indivíduo. Além disso, é um importante instituto do direito internacional e das relações internacionais, pois pode ser usada como instrumento político a fim de se garantir a não impunidade de um criminoso que tenha se aproveitado da atual relativização das fronteiras físicas e se encontre sob outra jurisdição, ou firmar a posição política de um país". Disponível em: <http://www.egov.ufsc.br/portal/print/conteudo/o-processo-de-extradicao-no--sistema-brasileiro>. Acesso em 06 jul 2017.

90. ARAÚJO, Luis Ivani de Amorim. **Direito internacional penal: *delicta iuris gentium*.** Rio de Janeiro: Editora Forense, 2000. p. 44.

91. O Brasil possui tratado de extradição com Argentina (Decreto n° 62.979/1968); Austrália (Decreto n° 2.010/1996); Bélgica (Decreto n° 41.909/1957); Bolívia (Decreto n° 9.920/1942); Chile (Decreto n° 1.888/1937); China (Decreto n° 8.431/2015); Colômbia (Decreto n° 6.330/1940); Coréia do Sul (Decreto n° 4.152/2002); Equador (Decreto n° 2.950/1938); Espanha (Decreto n° 99.340/1990); Convenção de Extradição entre os Estados Membros da Comunidade dos Países de Língua Portuguesa (Decreto n° 7935/2013); Estados Unidos da América (Decreto n° 55.750/1965); França (Decreto n° 5.258/2004); Itália (Decreto n° 863/1993); Lituânia (Decreto n° 4.528/1939); Mercosul (Decreto n° 4.975/2004); Mercosul, Bolívia e Chile (Decreto n° 5.867/2006); México (Decreto n° 2.535/1938); Paraguai (Decreto n° 16.925/1925); Peru (Decreto n° 5.853/2006); Portugal (Decreto n° 1.325/1994); Reino Unido e Irlanda do Norte (Decreto n° 2.347/1997); República Dominicana (Decreto n° 6.738/2009); Romênia (Decreto n° 6.512/2008); Rússia (Decreto n° 6.056/2007); Suíça (Decreto n° 23.997/1934); Suriname (Decreto n° 7.902/2013); Ucrânia (Decreto n° 5.938/2006); Uruguai (Decreto n° 13.414/1919) e Venezuela (Decreto n° 5.362/1940). (BRASIL. SUPREMO TRIBUNAL FEDERAL. **Tratados de Extradição**. Disponível em: <http://www.stf.jus.br/portal/cms/verTexto.asp?servico=legislacaoTratadoExtradicaoTextual&pagina=IndiceTratadoExtradicao>. Acesso em 07 set. 2018). Há de se destacar que em 16.01.2019 foi assinado pelos governos

quando o Estado requerente assumir promessa de reciprocidade em casos análogos[92]. Sobre reciprocidade como sustentáculo do instituto, REZEK ensina que ela pode ser traduzida como analogia geral e abstrata, no sentido de que, ao requerer a extradição com fundamento em promessa de reciprocidade, o Estado requerente se compromete, ou melhor, obriga-se a examinar pedidos futuros submetidos pelo Estado requerido[93].

Atualmente, de acordo com o que preceitua a Declaração Universal dos Direitos do Homem, em seu artigo 11, "todo o homem acusado de um ato delituoso tem o direito de ser presumido inocente até que a sua culpabilidade tenha sido provada de acordo com a lei,

---

do Brasil e da Argentina novo tratado de extradição, que visa desburocratizar o processo e imprimir celeridade ao seu trâmite.

92. MIRANDA compreende a soberania e a vontade dos Estados como as verdadeiras fontes do direito extradicional, como um reflexo de um fenômeno histórico de relacionamento entre os povos que deságua no compromisso moral de cooperar e combater a criminalidade. (MIRANDA, Neemias Carvalho. **Extradição: decisões contraditórias no Supremo Tribunal Federal.** Rio de Janeiro: Editora Lumen Juris, 2010. p. 9-11).

93. "*Reciprocity operates stricto sensu as a basis of extradition when, in support of a request subject to the terms of the asylum State's municipal law, the requesting State undertakes to examine future requests made by the asylum State in accordance with its own municipal law.*
In that context, however, a reference to analogous cases seems pointless and hazardous. Analogy here is general and abstract: it means no more than the basic similitude of all requests for extradition. Under the usual form of reciprocity the requesting State asks the asylum State to open the doors of its internal extradition law to the actual case stated in the requisition.
Simultaneously, it binds itself to do the same whenever so asked by the asylum State. No law but domestic one of the asylum State will formally govern the consideration of the request. The requesting party knows that full well, just as it knows that its own internal law is the only standard for consideration of any requisitions in the reverse direction. Nevertheless, it expects the asylum State to possess domestic statutes enacted in accordance with certain well-known customary trends, thus making it possible to estimate the likelihood of success of an actual request". (REZEK, José Francisco. ***Reciprocity as a basis of extradition.*** In: The British Year Book of International Law 1981. Oxford, At the Claredon Press, 1982. p. 173).

em julgamento público no qual lhe tenham sido asseguradas todas as garantias necessárias a sua defesa" [94].

Destarte, é condição indissociável à extradição a garantia de julgamento justo, analisando-se, para seu deferimento, o princípio da competência, não sendo possível a entrega do indivíduo (denominado extraditando) quando este tiver de ser julgado ou houver sido condenado por tribunal de exceção.

Ocorre que, dentre os fundamentos do direito internacional do pós-Segunda Guerra[95], está a promoção do princípio da dignidade da pessoa humana[96], que lastreia todas as relações, inclusive e indiscutivelmente, aquelas que permeiam Estado e indivíduo. Tais fundamentos também estão presentes na extradição.

Para bem compreender o direito extradicional, cumpre breve reflexão acerca de dois princípios: o princípio da dupla incriminação e o princípio da especialidade.

O princípio da dupla incriminação, dupla tipicidade ou princípio da identidade exige que o fato ensejador do pedido de extradição seja tipificado como crime em ambos os ordenamentos jurídicos

---

94. TRATADO INTERNACIONAL. **Declaração universal dos direitos do homem.** Disponível em: <http://pfdc.pgr.mpf.mp.br/atuacao-e-conteudos-de-apoio/legislacao/direitos-humanos/declar_dir_homem.pdf>. Acesso em 16 jul 2017.

95. Ressalte-se que, após as atrocidades cometidas durante a Segunda Grande Guerra, a comunidade internacional passou a se preocupar com a implementação de ações para resguardar e promover os direitos humanos. Segundo PIOVESAN, "em face do regime de terror, no qual imperava a lógica da destruição e no qual as pessoas eram consideradas descartáveis, ou seja, em face do flagelo da Segunda Guerra Mundial, emerge a necessidade de reconstrução do valor dos direitos humanos, como paradigma e referencial ético a orientar a ordem internacional" (PIOVESAN, Flávia. **Temas de direitos humanos**. 11. ed. São Paulo: Saraiva, 2018. p. 60).

96. "Sustenta-se que é no princípio da dignidade humana que a ordem jurídica encontra o próprio sentido, sendo seu ponto de partida e seu ponto de chegada, para a hermenêutica constitucional contemporânea. Consagra-se assim, a dignidade humana como verdadeiro superprincípio, a orientar tanto o Direito Internacional como o Direito interno" (PIOVESAN, Flávia. **Direitos humanos e o direito constitucional internacional.** 14 ed. São Paulo: Saraiva, 2013. p. 92-93).

– quer do Estado requerente, quer do Estado requerido. Isso não consiste em exigir tipos penais idênticos, nem que as penas sejam coincidentes. As condutas delineadas nos tipos penais devem se assemelhar na essência e estrutura, sendo essencial que bens jurídicos tutelados[97] coincidam em ambos os Estados.

O princípio da especialidade ou do efeito limitativo da extradição, por sua vez, constitui-se na garantia de que o Estado requerente somente julgará ou apenará o extraditando pelos crimes incluídos no processo de extradição deferido. Conduta alienígena ao processo de extradição não poderá ser apenada.

No Brasil, a extradição tem por pilar a Constituição Federal de 1988[98], repositório seguro dos direitos e garantias fundamentais, compreendidos como rede protetiva do indivíduo. Sua previsão constitucional, todavia, se perfaz tão somente em linhas gerais, previstas nos artigos 5°, incisos LI e LII; 22, inciso XV e 102, inciso I, alínea g[99]. O tema é verticalizado pela Lei n° 13.445/2017, que

---

97. No direito penal, entendem-se bens jurídicos tutelados como aqueles valores mais importantes para uma sociedade – que podem ser objeto de uma relação jurídica – e, por isso, são protegidos pelo poder de punir do Estado.

98. Sob os ensinamentos de PIOVESAN, "a Carta de 1988 institucionaliza a instauração de um regime político democrático no Brasil. Introduz também indiscutível avanço na consolidação legislativa das garantias e direitos fundamentais e na proteção de setores vulneráveis da sociedade brasileira. A partir dela, os direitos humanos ganham relevo extraordinário, situando-se a Carta de 1988 como o documento mais abrangente e pormenorizado sobre os direitos humanos jamais adotado no Brasil". (PIOVESAN, Flávia. **Direitos humanos e o direito constitucional internacional.** 14. ed. São Paulo: Saraiva, 2013. p. 86).

99. "Art. 5º Todos são iguais perante a lei, sem distinção de qualquer natureza, garantindo-se aos brasileiros e aos estrangeiros residentes no País a inviolabilidade do direito à vida, à liberdade, à igualdade, à segurança e à propriedade, nos termos seguintes:
LI - nenhum brasileiro será extraditado, salvo o naturalizado, em caso de crime comum, praticado antes da naturalização, ou de comprovado envolvimento em tráfico ilícito de entorpecentes e drogas afins, na forma da lei;
LII- não será concedida extradição de estrangeiro por crime político ou de opinião".
"Art. 22. Compete privativamente à União legislar sobre:
XV- emigração e imigração, entrada, extradição e expulsão de estrangeiros".

substituiu, em 21 de novembro de 2017, o Estatuto do Estrangeiro (Lei n° 6815/1980), pelo Decreto n° 9.199/2017[100] e pela Portaria n° 217/2018-MJ.

2.2. A EXTRADIÇÃO E O ORDENAMENTO JURÍDICO BRASILEIRO

No Brasil, segundo MIRANDA, o primeiro texto orientador da extradição de "grandes criminosos" foi a Circular de 1847, elaborada pelo Ministro dos Negócios Estrangeiros às representações diplomáticas brasileiras. O documento apresentava como questões nodais a desnecessidade de manifestação do judiciário nos pedidos de extradição; a impossibilidade de se extraditar nacionais ou autores de crimes políticos e a enumeração exemplificativa de crimes extraditáveis[101].

A primeira lei específica sobre extradição foi a Lei n° 2.416/1911, que permitia a extradição de nacionais, desde que o Estado requerente assegurasse reciprocidade de tratamento; exigia pena mínima de um ano de prisão para que os crimes fossem considerados passíveis de extradição e pronunciamento prévio do Supremo Tribunal Federal acerca da legalidade e procedência do pedido[102].

Outro marco de extrema importância para a compreensão da extradição no ordenamento jurídico brasileiro foi o Estatuto do

"Art. 102. Compete ao Supremo Tribunal Federal, precipuamente, a guarda da Constituição, cabendo-lhe:
I- processar e julgar, originariamente:
g) a extradição solicitada por Estado estrangeiro". (BRASIL. **Constituição Federal (1988)**. Disponível em: <http://www.planalto.gov.br/ccivil_03/constituicao/Constituicao.htm>. Acesso em 21 jul 2017).

100. BRASIL. **Decreto n° 9.199/2017**. Disponível em: <http://www2.camara.leg.br/legin/fed/decret/2017/decreto-9199-20-novembro-2017-785772-publicacaooriginal-154263-pe.html>. Acesso em 30 jun. 2018.

101. MIRANDA, Neemias Carvalho. **Extradição: decisões contraditórias no Supremo Tribunal Federal.** Rio de Janeiro: Editora Lumen Juris, 2010. p. 25-27.

102. Idem.

Estrangeiro (Lei nº 6.815/1980), que veiculava texto impregnado de vetores relativos à segurança nacional, com nítido tom ufanista, fruto do contexto histórico em que foi promulgado. Nele, a extradição era prevista nos artigos 76 a 94.

Forçoso consignar que o Brasil se filiou ao sistema belga de contenciosidade limitada porque o Supremo Tribunal Federal, ao examinar pedido de extradição, está circunscrito a aspectos formais do pleito e não pode adentrar no mérito da acusação ou da decisão judicial que o fundamenta. Assim, "nenhum relevo assume a discussão pertinente ao contexto probatório e as circunstâncias de fato relativas ao suposto envolvimento do extraditando na prática delituosa no exterior"[103].

A partir de redação conferida pela Lei nº 12.878/2013, o artigo 80 passou a dispor que a extradição seria requerida por via diplomática ou, quando previsto em tratado, diretamente ao Ministério da Justiça – responsável pelo exame dos pressupostos formais de admissibilidade prévios ao envio à Corte Suprema brasileira.

O artigo 82 previa a possibilidade de o Estado interessado na extradição requerer, mesmo antes da formalização do pedido de extradição, em caso de urgência, ou conjuntamente com este, a prisão cautelar do extraditando[104]. Na hipótese de o requerimento ter sido encaminhado ao Ministério da Justiça, este representaria ao Supremo Tribunal Federal pela medida.

---

103. BARRETO, Taciana Meira. **O Supremo Tribunal Federal, o presidente e a extradição de Cesare Battisti**. *In:* Cognitio Juris, João Pessoa, Ano I, Número 1, abril 2011.

104. Há de se esclarecer que o Estatuto do Estrangeiro (Lei n° 6815/1980) previa a possibilidade de se determinar a prisão administrativa do estrangeiro, para efeito de **deportação** daqueles que estivessem em situação irregular no território nacional (pelo prazo de sessenta dias prorrogáveis, conforme dispõe o artigo 61) e; para o estrangeiro submetido a processo de **expulsão** (por noventa dias prorrogáveis, conforme o descreve o artigo 69). Estas alternativas, que equivocadamente poderiam ser utilizadas como subterfúgio para constrição de liberdade até decisão do Supremo Tribunal Federal sobre a prisão cautelar para fins de extradição, não foram recepcionadas pela Constituição Federal de 1988, com supedâneo em seu artigo 5°, inciso LXI, o qual afirma que "ninguém será preso senão em flagrante delito ou por ordem escrita e fundamentada de autoridade judiciária competente, salvo nos casos de transgressão militar ou crime propriamente militar, definidos em lei".

Observe-se que, nos termos do artigo 82, § 2° do Estatuto do Estrangeiro, o Escritório Central Nacional da INTERPOL em Brasília passou a poder apresentar ao Ministério da Justiça o pedido de prisão cautelar, desde que instruído com a documentação comprobatória da existência de ordem de prisão proferida por Estado estrangeiro, normalmente revestida por uma difusão vermelha.

Entende-se por difusão vermelha (*red notice)* a ferramenta da INTERPOL que se destinada à localização para prisão de investigados ou condenados contra os quais há uma ordem de prisão criminal expedida por autoridade competente (de acordo com a legislação de cada país) e o compromisso de que a extradição será requerida (pelas vias diplomáticas) quando o foragido for preso[105].

---

105. A INTERPOL, dotada de personalidade jurídica de direito internacional, é regida por regras próprias, dentre as quais o ***Reglamento de Interpol Sobre el Tratamiento de Datos*** (RITD), que, em seu artigo 82, estabelece que "***Las notificaciones rojas se publicarán a petición de una Oficina Central Nacional o de una entidad internacional dotada de competencias en materia de investigación y enjuiciamiento penal para solicitar la localización de una persona buscada y su detención o limitación de desplazamientos con miras a su extradición, entrega o aplicación de otras medidas jurídicas similares***". Em tradução livre: "As difusões vermelhas serão publicadas a pedido de um Escritório Central Nacional ou de uma entidade internacional dotada de competências em matéria de investigação e ajuizamento penal para solicitar a localização de uma pessoa procurada e sua prisão ou limitação de movimentação com a finalidade de sua extradição, entrega ou aplicação de outras medidas jurídicas similares". Quando se solicita a publicação de uma difusão vermelha, a INTERPOL considera que o Escritório Central Nacional ou a entidade internacional solicitante possua garantias de que o pedido de publicação de difusão vermelha foi feito em coordenação com as autoridades responsáveis pelas extradições e que lhe tenha sido dada certeza de que a extradição será solicitada em razão da prisão da pessoa procurada, em conformidade com a legislação nacional ou com os tratados bilaterais ou multilaterais existentes ("***La Oficina Central Nacional o la entidad internacional solicitante deberán ofrecer garantías de que [...] la solicitud de notificación roja se ha hecho en coordinación con las autoridades pertinentes responsables de las extradiciones, y se han dado garantías de que se solicitará la extradición tras la detención de la persona buscada, de conformidad con la legislación nacional o con los tratados bilaterales o multilaterales aplicables***", INTERPOL, RITD, artigo 84, item 2). (INTERPOL. ***Interpol legal materials***. Disponível em: <https://www.interpol.int/About-INTERPOL/Legal-materials>. Acesso em 10 jul. 2018).

Esta prisão cautelar prévia à formalização do pedido de extradição não seria mantida além do prazo de noventa dias, prazo este definido para que o Estado requerente formalizasse o pedido de extradição (se o tratado não dispusesse de forma diversa) e, contado a partir da data em que o Estado interessado tomou ciência da prisão do extraditando.

É imperioso destacar que a prisão cautelar consistia em condição objetiva de procedibilidade do processo extraditório, assim, uma vez preso, mesmo que previamente à formalização do pedido de extradição, esta última seria causa suficiente para manutenção do cerceamento de liberdade. A constrição perduraria até o julgamento final do Supremo Tribunal Federal, não sendo admitidas a liberdade vigiada, a prisão domiciliar, nem a prisão albergue.

Previa ainda o Estatuto do Estrangeiro que a defesa versaria apenas sobre a identidade da pessoa reclamada, defeito de forma dos documentos apresentados ou ilegalidade da extradição.

Uma vez concedida a extradição (cf. artigo 86), o Estado requerente tinha o prazo de sessenta dias da comunicação da decisão à sua Missão Diplomática, pelo Ministério das Relações Exteriores, para retirar o extraditando do território nacional, sob pena de este ser posto em liberdade, se por outro motivo não estivesse preso. Este prazo poderia ser alterado por previsão em tratado de extradição específico.

Quando o extraditando estivesse sendo processado, ou tivesse sido condenado, no Brasil, por crime punível com pena privativa de liberdade, a extradição seria executada somente depois da conclusão do processo ou do cumprimento da pena, ressalvado, entretanto, o interesse nacional. Este juízo abstrato permitia a antecipação da entrega (cf. artigo 89).

A entrega do extraditando ficaria igualmente adiada se a efetivação da medida pusesse em risco a sua vida, por causa de enfermidade grave comprovada por laudo médico oficial.

Exigia-se, para efetiva entrega, que o Estado requerente assumisse os compromissos de não ser o extraditando preso nem processado por fatos anteriores ao pedido; de computar o tempo de prisão que, no Brasil, foi imposta por força da extradição (detração); de comutar em pena privativa de liberdade a pena corporal ou de morte, ressalvados, quanto à última, os casos em que a lei brasileira permitisse a sua aplicação; de não ser o extraditando entregue, sem consentimento do Brasil, a outro Estado que o reclamasse; e de não considerar qualquer motivo político, para agravar a pena (cf. artigo 92).

Os anos se passaram e com eles uma revolução imposta pelo processo globalizatório e pela universalização dos direitos humanos determinou a revisão do instituto da extradição e de toda a compreensão das migrações deste século. Como resposta às incompatibilidades realçadas pelo Estatuto do Estrangeiro, propôs-se a Lei n° 13.445/2017, a nova Lei de Migração.

2.2.1. A Impossibilidade de Extraditar Brasileiros Natos

O artigo 5º, inciso LI, da Constituição Federal dispõe que "nenhum brasileiro será extraditado, salvo o naturalizado, em caso de crime comum, praticado antes da naturalização, ou de comprovado envolvimento em tráfico ilícito de entorpecentes e drogas afins, na forma da lei". Em outras palavras, não há possibilidade de se extraditar o brasileiro nato[106], nem o naturalizado por crimes posteriores à naturalização – à exceção do comprovado envolvimento

---

106. Cf. artigo 12, da Constituição Federal, são brasileiros:
"I - natos: a) os nascidos na República Federativa do Brasil, ainda que de pais estrangeiros, desde que estes não estejam a serviço de seu país; b) os nascidos no estrangeiro, de pai brasileiro ou mãe brasileira, desde que qualquer deles esteja a serviço da República Federativa do Brasil; c) os nascidos no estrangeiro de pai brasileiro ou de mãe brasileira, desde que sejam registrados em repartição brasileira competente ou venham a residir na República Federativa do Brasil e optem, em qualquer tempo, depois de atingida a maioridade, pela nacionalidade brasileira;
II - naturalizados: a) os que, na forma da lei, adquiram a nacionalidade brasileira, exigidas aos originários de países de língua portuguesa apenas residência por um ano ininterrupto e idoneidade moral; b) os estrangeiros de qualquer nacionalidade, residentes na República Federativa do Brasil há mais de quinze anos ininterruptos e sem condenação penal, desde que requeiram a nacionalidade brasileira". (BRA-

em tráfico de drogas que permite a extradição por crime cometido mesmo após a naturalização.

Não se pode confundir o instituto da extradição com a **entrega**[107] de nacional para responder diante do Tribunal Penal Internacional (TPI) por crimes de maior gravidade[108] com alcance internacional, característicos de períodos de guerra ou conflitos armados. Esse tribunal internacional, do qual o Brasil é integrante (cf. artigo 5º, §4º, CF/88), consiste em instituição permanente, de personalidade jurídica internacional, previsto no artigo 89[109] do Estatuto de Roma de 1998,

---

SIL. **Constituição Federal**. Disponível em: <http://www.planalto.gov.br/ccivil_03/constituicao/constituicao.htm>. Acesso em 13 jan. 2018).

107. "Artigo 102. Termos Usados. Para os fins do presente Estatuto: a)Por "entrega", entende-se a entrega de uma pessoa por um Estado ao Tribunal nos termos do presente Estatuto. b) Por "extradição", entende-se a entrega de uma pessoa por um Estado a outro Estado conforme previsto em um tratado, em uma convenção ou no direito interno". (BRASIL. **Decreto n° 4.388/2002.** Disponível em: <http://www.planalto.gov.br/ccivil_03/decreto/2002/D4388.htm>. Acesso em 08 set 2018). Nas palavras de PIOVESAN, "a entrega importa na rendição de uma pessoa por um Estado a um tribunal internacional, cuja jurisdição esse Estado tenha reconhecido" (PIOVESAN, Flávia. **Temas de direitos humanos.** 11 ed. São Paulo: Saraiva, 2018. p. 346).

108. Estes crimes de maior gravidade de que fala o Estatuto são aqueles que afetam a comunidade internacional no seu conjunto, a exemplo do genocídio; dos crimes contra a humanidade e dos crimes de guerra (cf. artigo 5º do Estatuto de Roma).

109. "Artigo 89 Entrega de Pessoas ao Tribunal
1. O Tribunal poderá dirigir um pedido de detenção e entrega de uma pessoa, instruído com os documentos comprovativos referidos no artigo 91, a qualquer Estado em cujo território essa pessoa se possa encontrar, e solicitar a cooperação desse Estado na detenção e entrega da pessoa em causa. Os Estados Partes darão satisfação aos pedidos de detenção e de entrega em conformidade com o presente Capítulo e com os procedimentos previstos nos respectivos direitos internos.
2. Sempre que a pessoa cuja entrega é solicitada impugnar a sua entrega perante um tribunal nacional com base no princípio ***ne bis in idem*** previsto no artigo 20, o Estado requerido consultará, de imediato, o Tribunal para determinar se houve uma decisão relevante sobre a admissibilidade. Se o caso for considerado admissível, o Estado requerido dará seguimento ao pedido. Se estiver pendente decisão sobre a admissibilidade, o Estado requerido poderá diferir a execução do pedido até que o Tribunal se pronuncie. [...]
4. Se a pessoa reclamada for objeto de procedimento criminal ou estiver cumprindo uma pena no Estado requerido por crime diverso do que motivou o pedido de entrega ao Tribunal, este Estado consultará o Tribunal após ter decidido anuir ao

que entrou em vigor no Brasil em julho de 2002[110]. Sua jurisdição é complementar às jurisdições penais nacionais (cf. artigo 1º do Estatuto de Roma).

Entende-se pela possibilidade de entrega de brasileiros natos e naturalizados ao TPI, não se aplicando destarte a restrição prevista pelo artigo 5º, LI, da Constituição Federal, coberta pelo artigo 60, § 4º, inc. IV, da mesma Carta, segundo o qual os direitos e garantias individuais não serão objeto de emendas tendentes a aboli-los (cláusulas pétreas).

Ao criticar esse dispositivo constitucional, que proíbe a extradição de nacionais e acaba por impor limites ao instituto, DEL'OLMO explica que a sofisticação e organização decorrentes da transnacionalidade dos delitos gera facilidades à impunidade de seus autores, potencializada com a invocação de suas nacionalidades (dos criminosos) e a insistência dos Estados em negar a extradição de seus nacionais[111].

Sobre esta impossibilidade, ACCIOLY[112] explica que

> os argumentos apresentados pela tese da não-extradição não merecem maiores apreciações. Entre eles figuram a expressão da soberania e a preservação do exercício da jurisdição nacional; pode ainda ser alegada a eventual parcialidade dos tribunais estrangeiros e as condições das instituições penais de inúmeros

---

pedido". (BRASIL. **Decreto nº 4.388/2002.** Disponível em: <http://www.planalto.gov.br/ccivil_03/decreto/2002/D4388.htm>. Acesso em 08 set. 2018).

110. Apesar do lapso temporal desde a promulgação do Decreto n° 4.388/2002, ainda não existe lei de implementação. Explica-se: o Projeto de Lei n° 4.038/2008 foi apensado ao Projeto de Lei n° 301/2007, que define as condutas que constituem crimes de violação do direito internacional humanitário, estabelece normas para a cooperação judiciária com o Tribunal Penal Internacional e dá outras providências. Esta proposição está pronta para ser apreciada pelo Plenário desde 2012. (BRASIL. CÂMARA DOS DEPUTADOS. **PL n° 301/2007**. Disponível em: <http://www.camara.gov.br/proposicoesWeb/fichadetramitacao?idProposicao=343615>. Acesso em 08 set. 2018).

111. DEL'OLMO, Florisbal de Souza. **A extradição no alvorecer do século XXI.** Rio de Janeiro: Renovar, 2007. p. 243.

112. SILVA, G.E. do Nascimento e; ACCIOLY Hildebrando; CASELLA, Paulo Borba. **Manual de direito internacional público.** 17. Ed. São Paulo: Saraiva, 2009. p. 501.

> países. Embora se possa compreender essas atitudes dos defensores dos direitos humanos, parece-nos inadmissível que indivíduos acusados de crimes hediondos, como sequestro, tráfico de entorpecentes, estupro, limpeza étnica, genocídio e crimes contra a humanidade, possam merecer a proteção de seu país.

Essa ideia territorialista de proteção aos nacionais é refutada por RUSSOMANO[113], quando defende a necessidade de as nações começarem a compreender que a efetividade da cooperação jurídica extrapola a simplificação das formas. Para ela é imprescindível

> abandonar os conceitos excessivamente territorialistas que se mantêm de pé pela força da tradição. Substitui-los, numa renovação paulatina e progressiva, mas salutar e necessária, por ideias mais largas e mais universais, como, por exemplo, a permissão de que, em regime de reciprocidade, os próprios nacionais sejam extraditados, princípio, aliás, perfeitamente plausível, se não o olharmos de dentro das nossas próprias fronteiras e, sim, do alto da comunidade internacional ou se o fizermos através do prisma da lição imperecível de Carrara: *superiore a tutte le sovranità dela terra è la sovranità del diritto.*

Em apertada síntese, aqueles que defendem a extradição de nacionais apresentam como argumento, além daqueles já pontuados nos excertos transcritos acima, a eficácia do juízo do local do fato na distribuição da justiça criminal. De outra banda, os que não a aceitam argumentam ser inviável a extradição em decorrência da proteção da soberania e de seus nacionais, enquanto partes integrantes do Estado[114].

---

113. RUSSOMANO, Gilda Maciel Corrêa Meyer. **A extradição no direito internacional e no direito brasileiro.** 3.ed. revisada e atualizada. São Paulo: Editora Revista dos Tribunais, 1981. p. 109.

114. MIRANDA ressalta que "dois temas afetos à ciência política, ligados diretamente ao instituto da extradição, são a nacionalidade e a soberania dos Estados. Ambos estão a caminho de sofrer profundas mudanças em seus conceitos, por efeito da aproximação e interação entre indivíduos, economias, culturas, tecnologia, de que resultará um direito cada vez mais unificado e supranacional". (MIRANDA,

Há de se observar que, com base no princípio da reciprocidade, pode um Estado negar a extradição de seus nacionais ao Brasil, mesmo que sua legislação o permita, diante da proibição existente na Constituição Federal de 1988.

Registre-se ainda que, impossibilitada a extradição de nacional, pode o brasileiro ser processado no Brasil pelo crime cometido no exterior, conforme artigo 7º, inciso II e §2º, do Código Penal, desde que o fato também seja considerado crime pela legislação brasileira. Trata-se de aplicação da extraterritorialidade da lei penal pátria.

2.2.2. A Lei nº 13.445/2017 e a Extradição

A Lei nº 13.445/2017, que revogou expressamente o Estatuto de Estrangeiro, prevê a extradição (cf. artigo 81), como medida de cooperação internacional entre o Estado brasileiro e outro Estado, por meio da qual se concede (extradição passiva) ou se solicita (extradição ativa) a entrega de pessoa sobre quem recaia condenação criminal definitiva (extradição executória) ou para fins de instrução de processo penal em curso (extradição instrutória). A medida será requerida por via diplomática ou pelas autoridades centrais designadas para esse fim.

A extradição não será concedida (cf. artigo 82)[115] se o fato que motivar o pedido de extradição não for considerado crime no Brasil ou no Estado requerente (princípio da dupla incriminação ou princípio

---

Neemias Carvalho. **Extradição: decisões contraditórias no Supremo Tribunal Federal.** Rio de Janeiro: Editora Lumen Juris, 2010. p. 63). SOARES explica que "desde a emergência dos Estados modernos, a existência de uma nacionalidade definida, tem servido como elemento de afirmação da existência do próprio Estado". (SOARES, Guido Fernando Silva. **Os direitos humanos e a proteção dos estrangeiros.** Revista da Faculdade de Direito, Universidade de São Paulo, v. 99, p.403-460, 1 jan. 2004. p. 413. Disponível em: <http://www.revistas.usp.br/rfdusp/article/view/67631/70241>. Acesso em 17 set. 2018).

115. Conforme entende GRINOVER, são "como condições da ação, próprias de um juízo de admissibilidade" o óbice à extradição de nacionais ou à extradição por crimes políticos (que compreendem a impossibilidade jurídica do pedido) e o princípio do *non bis in idem* (que consiste em falta de interesse de agir). (GRINOVER, Ada Pellegrini. **Processo penal transnacional: linhas evolutivas e garantias processuais.**

da identidade); o Brasil for competente para julgar o crime imputado ao extraditando; a lei brasileira impuser ao crime pena de prisão[116] inferior a dois anos; o extraditando estiver respondendo a processo ou já houver sido condenado ou absolvido no Brasil pelo mesmo fato em que se fundar o pedido (princípio do *non bis in idem*); a punibilidade estiver extinta pela prescrição, segundo a lei brasileira ou a do Estado requerente; o fato constituir crime político ou de opinião[117]; o extraditando tiver de responder, no Estado requerente, perante tribunal ou juízo de exceção; o extraditando for beneficiário de refúgio[118], nos

São Paulo: Revista Brasileira de Ciências Criminais, ano 3, número 9, janeiro/março 1995, p. 40-83).

116. Importante esclarecer que é condição para a extradição que ao crime ao qual o extraditando responde ou tenha sido condenado pelas autoridades judiciárias do Estado requerente se comine pena privativa de liberdade, seguindo a ideia de gravidade dos delitos passíveis de extradição.

117. A inaplicabilidade de crimes políticos nos pedidos de extradição, segundo DEL'OLMO, foi consagrada na lei belga de 01.10.1833. (DEL'OLMO, Florisbal de Souza. **A extradição no alvorecer do século XXI.** Rio de Janeiro: Renovar, 2007. p. 18). Insta destacar que apesar de a Carta Constitucional de 1988 vedar a extradição se o crime for político ou de opinião (cf. artigo 5º, inciso LII), o Supremo Tribunal Federal poderá deixar de considerar crime político um atentado contra chefe de Estado ou quaisquer autoridades, bem como crime contra a humanidade, crime de guerra, crime de genocídio e terrorismo (cf. artigo 82, §4º, da Lei nº 13.445/2017). Este parágrafo está em harmonia com o artigo 11 da Convenção Interamericana Contra o Terrorismo, que dispõe que "não se poderá negar um pedido de extradição ou de assistência judiciária mútua pela única razão de que se relaciona [o crime de terrorismo] com um delito político ou com um delito conexo com um delito político ou um delito inspirado por motivos políticos".

118. Conforme a Convenção relativa ao Estatuto dos Refugiados, de 1951, da qual o Brasil é parte, e a Lei n° 9.474/1997, para o reconhecimento da condição de refugiado é necessário: a) estar fora de seu país de origem – em decorrência de grave e generalizada violação de direitos humanos; b) ter um temor fundado de perseguição (ou ameaça desta), relacionada à raça, religião, nacionalidade, pertencimento a determinado grupo (social ou político); c) não poder ou não querer receber proteção de seu país de origem. Ressalte-se que a extradição não será concedida se baseada nos fatos que fundamentaram a concessão de refúgio. Há de se observar, entretanto, que o refúgio por si só não constitui óbice para a decretação de prisão cautelar para fins de extradição.

termos da Lei nº 9.474/1997, ou de asilo territorial; ou o requerido (extraditando) for brasileiro nato[119].

São condições para concessão da extradição (cf. artigo 83), ter sido o crime cometido no território do Estado requerente ou serem aplicáveis ao extraditando as leis penais desse Estado; e estar o extraditando respondendo a processo investigatório ou a processo penal ou ter sido condenado pelas autoridades judiciárias do Estado requerente à pena privativa de liberdade, ou mesmo de morte[120].

Deferida a extradição, a entrega do extraditando está condicionada à assunção de compromissos[121] por parte do Estado requerente (cf. artigo 96), a saber: não submeter o extraditando à prisão ou processo por fato anterior ao pedido de extradição; computar o tempo da prisão que, no Brasil, foi imposta por força da extradição (detração da pena); comutar a pena corporal, perpétua ou de morte em pena privativa de liberdade, respeitado o limite máximo de

119. O STF, na Extradição nº 1.462/DF, Primeira Turma, cujo Relator foi o Ministro Roberto Barroso, a pedido do governo dos Estados Unidos da América, entendeu pela possibilidade de extradição de brasileira nata, que teria adquirido a nacionalidade americana de forma livre (autonomia da vontade) e responde por homicídio qualificado naquele país. A extraditanda, segundo os autos, após processo administrativo de Perda de Nacionalidade (conforme preceituava a Lei nº 818/1949, revogada pela Lei n° 13.445/2017), com a publicação da Portaria Ministerial nº 2.465/13, perdeu sua nacionalidade brasileira. Ressalte-se que o artigo 12, §4º, II, da Constituição Federal é claro em asseverar que será declarada a perda da nacionalidade do brasileiro que adquirir outra nacionalidade. Como exceção, a alínea ***b*** ressalva os casos em que a naturalização tenha sido uma imposição da norma estrangeira ao brasileiro residente no estrangeiro, como condição para permanência em seu território ou para o exercício de direitos civis. No caso sob análise, entendeu-se que, já que a extraditanda possuía o ***Green card***, não haveria necessidade de naturalização para o exercício pleno de seus direitos.

120. Em tais casos, como antes exposto, a entrega do extraditando é condicionada ao compromisso firmado pelo Estado requerente de que irá comutá-la em pena privativa de liberdade, ressalvados os casos em que a lei brasileira permitir a aplicação da pena de morte.

121. Consoante delineado pela Portaria n° 217/2018-MJ, em seu artigo 7°, §2°, "os compromissos dispostos no art. 96 da Lei n° 13.445, de 2017, deverão ser apresentados no ato de formalização do pedido pelo Estado requerente, salvo em casos excepcionais devidamente fundamentados".

cumprimento de 30 (trinta) anos; não entregar o extraditando, sem consentimento do Brasil, a outro Estado que o reclame; não considerar qualquer motivo político para agravar a pena; e não submeter o extraditando à tortura ou a outros tratamentos ou penas cruéis, desumanos ou degradantes[122].

2.2.3. Sistematização dos Agentes Envolvidos na Extradição e Suas Atribuições

A tramitação do pedido de extradição, conforme mencionado acima, será feita por via diplomática ou pelas autoridades centrais designadas para esse fim. A extradição e sua rotina de comunicação serão realizadas pelo Ministério da Justiça em coordenação com o Ministério das Relações Exteriores e com as autoridades judiciárias e policiais competentes (cf. artigo 262 do Decreto n° 9.199/2017).

A Portaria MJ nº 217/2018, que estabelece os procedimentos administrativos relativos aos pedidos de extradição passiva e ativa no âmbito do Ministério da Justiça, destaca que o Departamento de Recuperação de Ativos e Cooperação Jurídica Internacional é a autoridade central no Brasil competente para receber, analisar requisitos de admissibilidade e instruir os pedidos de extradição e de prisão cautelar para fins de extradição ativa e passiva (cf. artigo 2º).

2.2.3.1. *Na extradição ativa*

Para viabilizar uma extradição ativa, o pedido deve ser encaminhado ao Ministério da Justiça diretamente pelo juízo responsável pela decisão ou pelo processo penal que o fundamenta. Compete

122. A Convenção contra a Tortura e outros trabalhos cruéis, desumanos ou degradantes, em seu artigo 3°, assegura que "1. Nenhum Estado Parte procederá à expulsão, devolução ou extradição de uma pessoa para outro Estado quando houver razões substanciais para crer que a mesma corre perigo de ali ser submetida a tortura. 2. A fim de determinar a existência de tais razões, as autoridades competentes levarão em conta todas as considerações pertinentes, inclusive, quando for o caso, a existência, no Estado em questão, de um quadro de violações sistemáticas, graves e maciças de direitos humanos".

ao DRCI/SENAJUS/MJSP orientar, informar e avaliar os elementos formais de admissibilidade dos processos preparatórios para encaminhamento ao Estado requerido, por via diplomática ou por meio de autoridades centrais (cf. artigo 279 do Decreto nº 9.199/2017).

Há hipóteses em que, antes do pedido de extradição, faz-se necessário localizar o foragido. Havendo mandado de prisão em aberto (cautelar ou decorrente de sentença penal condenatória), pode o juízo do processo criminal requerer – à Representação Regional da INTERPOL nas Superintendências Regionais da Polícia Federal nos Estados ou no Distrito Federal ou, no caso de Tribunais Superiores, diretamente ao Escritório Central Nacional da INTERPOL (ECN) em Brasília – a inclusão do mandado de prisão na difusão vermelha.

Localizado em território estrangeiro, o ECN/Brasília é comunicado por sua congênere no exterior, por meio de canal oficial e, por conseguinte, o juízo será informado, pelo DRCI/SENAJUS/MJSP, inclusive sobre a data de efetivação da prisão cautelar para fins de extradição, se ocorrida, viabilizada, por vezes, a partir da publicação da difusão vermelha.

O processo de extradição ativa respeitará a legislação interna do Estado requerido. No momento em que o DRCI/SENAJUS/MJSP recebe informações do Estado requerido de que o extraditando está pronto para ser removido de território estrangeiro, a Polícia Federal é demandada para realizar os trâmites operacionais visando a retirada do extraditando e o recolhimento em estabelecimento prisional brasileiro, conforme determinação do juízo competente (cf. artigos 22 e 23 da Portaria MJ nº 217/2018).

2.2.3.2. *Na extradição passiva*

Na extradição passiva, o pedido é recebido pelo DRCI/SENAJUS/MJSP e, após o exame da presença dos pressupostos formais de admissibilidade exigidos na Lei nº 13.445/2017, ou em tratado de que o país seja parte, é encaminhado ao Supremo Tribunal Federal.

O Supremo Tribunal Federal é responsável pela análise da legalidade e da procedência do pedido de extradição e deve fazê-la consoante o princípio da contenciosidade limitada, ou seja, não cabe à Suprema Corte o conhecimento pleno sobre o mérito da pretensão do Estado requerente ou mesmo acerca do conteúdo probatório que subsidia o pedido extradicional (trata-se de um juízo de delibação).

Segundo o artigo 90 da Lei n° 13.445/2017, da decisão decorrente desta análise não cabe recurso[123]. Vale ressaltar que o STF, ao julgar a procedência do pedido, declara a legalidade da extradição e a possibilidade de entrega do extraditando ao Estado requerente (ação declaratória), ou seja, gera instrumento capaz de legitimar a decisão do Poder Executivo sobre a concessão da extradição[124]. A este, por

123. Entende-se, todavia, que cabem embargos de declaração – nos casos de omissão, contradição, obscuridade ou erro material – e ***habeas corpus***.

124. Defende-se que se o STF nega o pedido de extradição, o Chefe do Poder Executivo está vinculado a esta decisão. Em contrapartida, veja-se o que ocorreu com o italiano Cesare Battisti: em janeiro de 2009, o então Ministro da Justiça, Tarso Genro, concedeu o ***status*** de refugiado político ao italiano. Ainda naquele ano, o Supremo Tribunal Federal, no bojo da **Extradição 1.085**, decidiu pela possibilidade de extradição. O Presidente Luiz Inácio Lula da Silva, em 31.12.2010, contudo, como Chefe do Poder Executivo, não autorizou a entrega do extraditando à Itália, sob o argumento de que este poderia sofrer perseguições se voltasse ao seu país de origem. Em 2017, a Itália solicitou pedido de reconsideração da decisão. Neste mesmo ano, Battisti foi preso em Corumbá/MS, ao tentar cruzar a fronteira com a Bolívia, com valores não declarados. Ainda em 2017, o Ministro Luiz Fux concedeu liminar em ***habeas corpus*** convertido em reclamação (RCL n° 29.066/DF), proibindo o Presidente Michel Temer de rever a decisão de dezembro de 2010. Em 2018, o Ministro Fux revogou a liminar anteriormente concedida e decretou a prisão cautelar para extradição de Cesare Battisti na PPE n° 891/DF. Aos 14.12.2018, o Presidente Michel Temer reviu o ato do Presidente Lula e autorizou a extradição de Cesare Battisti, que somente foi localizado e preso aos 12.01.2019, na Bolívia. Este país utilizou-se de medida migratória para entregá-lo diretamente às autoridades italianas. Na Itália, Battisti foi condenado à prisão perpétua. (BRASIL. SUPREMO TRIBUNAL FEDERAL. Relator Ministro Gilmar Mendes- Relator atual, Ministro Luiz Fux. Segunda Turma. Disponível em: <http://portal.stf.jus.br/processos/detalhe.asp?incidente=2514526>. Acesso em 16 jun. 2018). Ver ainda: BOMFIM, Camila. **Italiano Cesare Battisti é preso na Bolívia.** G1 Política. Disponível em: <https://g1.globo.com/politica/noticia/2019/01/13/italiano-cesare-battisti-e-

critérios de racionalidade e previsibilidade, cabe a autorização para a entrega efetiva do extraditando ao Estado requerente. Não se trata, pois, de ato puramente discricionário ou meramente político.

Julgada procedente a extradição pelo Supremo Tribunal Federal, o Ministério da Justiça avalia se o estrangeiro cumpre os requisitos para ser extraditado. Em caso positivo, o cumprimento desses requisitos é comunicado por via diplomática ou pelas autoridades centrais ao Estado requerente, que, no prazo de sessenta dias, contado da data da ciência da comunicação, deverá retirar o extraditando do território nacional (cf. artigo 271 do Decreto n° 9.199/2017). Novamente se permite que esse prazo seja diferido, em obediência ao convencionado em tratado de extradição.

Para este fim, o DRCI/SENAJUS/MJSP solicita à Polícia Federal que sejam iniciados os trâmites operacionais junto à congênere da INTERPOL, indicando a data limite para efetivação da medida. A entrega do extraditando pela Polícia Federal à equipe de policiais do Estado requerente, mediante termo de entrega, fica sujeita à autorização formal do Estado brasileiro. Ressalte-se que, a decisão final sobre a autorização para entrega do extraditando ao Estado requerente foi delegada, por meio da Portaria MJ nº 217/2018, ao Secretário Nacional de Justiça.

A Lei n° 13.445/2017, assim como fez o Estatuto do Estrangeiro, previu a possibilidade de prisão cautelar, em casos de urgência, antes mesmo da formalização do processo de extradição. Este pedido, via diplomática ou por meio de autoridade central, terá em última instância o Estado interessado na extradição como requerente e como objetivo assegurar a executoriedade da medida de extradição.

-preso-na-bolivia.ghtml>. Acesso em 14 jan. 2019; MATTOSO, Camila. **Foragido, terrorista Cesare Battisti é preso na Bolívia.** Folha de São Paulo. Disponível em <https://www1.folha.uol.com.br/poder/2019/01/foragido-battisti-e-preso-na-bolivia.shtml>. Acesso em 14 jan. 2019 e; **Justiça italiana confirma pena de prisão perpétua a Cesare Battisti.** Folha de São Paulo. Disponível em: <https://www1.folha.uol.com.br/poder/2019/05/justica-italiana-confirma-pena-de-prisao-perpetua-a-cesare-battisti.shtml>. Acesso em 18 ago. 2019.

À autoridade central cabe analisar a presença dos pressupostos formais de admissibilidade exigidos na Lei nº 13.445/2017, ou em tratado de que o país seja parte e representar ao Supremo Tribunal Federal, que ouvirá previamente o Ministério Público Federal. Na ausência de tratado, o Ministério das Relações Exteriores será provocado pelo Ministério da Justiça para obtenção da promessa de reciprocidade de tratamento junto ao país interessado na extradição. Tal promessa é necessária à instrução do pedido de prisão[125].

Pode ainda o pedido de prisão cautelar para extradição ser transmitido ao STF por meio do Escritório Central Nacional da INTERPOL em Brasília. Ele deverá ser instruído com a documentação comprobatória da existência de ordem de prisão proferida por Estado estrangeiro, e, na ausência de tratado, com a promessa de reciprocidade de tratamento recebida por via diplomática, conforme explicado no parágrafo anterior. O DRCI/SENAJUS/MJSP deverá ser informado acerca das providências e encaminhamentos dados ao caso (cf. artigo 4°, § 2°, *b*, da Portaria n° 217/2017).

Ao ser comunicado pelo STF a respeito da decisão sobre a concessão de prisão cautelar, o Ministério da Justiça, por meio do DRCI/SENAJUS/MJSP deverá informar à Polícia Federal para que sejam adotadas as providências necessárias ao cumprimento da ordem, quando for o caso e comunicar o Estado requerente, por via diplomática ou por meio de autoridades centrais, sem prejuízo das comunicações entre as congêneres da INTERPOL (cf. artigo 276 do Decreto n° 9.199/2017 e artigo 5º da Portaria MJ nº 217/2018). Efetivada a prisão, o Ministério da Justiça deverá informar à Corte Constitucional Brasileira a data do cumprimento da medida e o

125. "A inexistência de tratado de extradição não impede a formulação e o eventual atendimento do pleito extradicional, desde que o Estado requerente prometa reciprocidade de tratamento ao Brasil, mediante expediente (Nota Verbal) formalmente transmitido por via diplomática" (BRASIL. SUPREMO TRIBUNAL FEDERAL. **Extradição n° 1074**. Tribunal Pleno. Relator Ministro Celso de Mello. DJE n° 107, divulgado em 12/06/2008. Disponível em: <http://portal.stf.jus.br/processos/detalhe.asp?incidente=2495245>. Acesso em 21 jan. 2019).

local onde o extraditando ficará custodiado à disposição daquele Tribunal.

Compreendidas as condições do instituto, percorrer-se-á o caminho do direito comparado para, a partir daí, trazer à superfície a previsão de prisão cautelar para fins de extradição, disposta no artigo 84 da Lei nº 13.445/2017.

2.3. A EXTRADIÇÃO NO DIREITO COMPARADO

Convergindo os Estados na proteção de um núcleo essencial de direitos, findam por se aproximar e se relacionar. Comparar o instituto da extradição com sistemas jurídicos distintos do brasileiro – com diferentes realidades sociais e culturais – serve para acurar a reflexão crítica acerca das opções legislativas pátrias e da construção jurisprudencial firmada pelo Supremo Tribunal Federal.

Convém, de início, localizar o direito brasileiro no sistema ou "família"[126] romano-germânica (como resultado do processo de colonização), formado com bases no direito romano e tendo por característica a codificação. Conforme leciona DAVID, as regras de direito, nestes países, são concebidas "como sendo regras de conduta, estreitamente ligadas a preocupações de justiça e moral"[127].

Outra "família", para continuar utilizando a nomenclatura adotada pelo autor, é a do *common law* (herança do direito inglês, a exemplo do que ocorre nos Estados Unidos da América), cuja característica principal é o interesse sobre o processo. "Não se apresenta como um sistema que visa realizar a justiça; é mais um conglomerado de processos próprios para assegurar, em casos cada vez mais numerosos, a solução de litígios"[128].

---

126. Expressão utilizada por DAVID, René. **Os grandes sistemas do direito contemporâneo.** 4 ed. São Paulo: Martins Fontes, 2002. p. 23.

127. Idem. p. 23.

128. Ibidem. p. 355-365.

Apresentadas essas noções gerais, cumpre destacar, no tocante à extradição, que o Brasil adotou o sistema belga, caracterizado pelo preceito da contenciosidade limitada. Para fins de comparação, serão trazidas as realidades da Argentina (família romano-germânica) e dos Estados Unidos da América (sistema anglo-americano; família do *common law*).

Por fim, far-se-á breve consideração sobre a extradição na Alemanha, especialmente em razão da influência do direito alemão na constituição cidadã brasileira e da origem da dignidade humana no direito constitucional alemão.

2.3.1. A Extradição na Argentina

Na Argentina, a difusão vermelha da INTERPOL[129] é instrumento suficiente a permitir a prisão cautelar para fins de extradição, ou seja, tem natureza jurídica de mandado de prisão preventiva[130]. Preso, o indivíduo será apresentado imediatamente ao juízo federal criminal com competência territorial (lugar em que se der a prisão). Ressalte-se que este mesmo juízo será o competente para conhecer do pedido de extradição.

Além dos tratados específicos, quer bilaterais quer multilaterais, a *Ley* 24.767 (*Ley de Cooperación Internacional en Materia Penal*)[131], sancionada em 18 de dezembro de 1996 e promulgada em 13 de janeiro de 1997, versa sobre o instituto da extradição naquele

---

129. Impende destacar que todas as difusões vermelhas recebidas pelo Escritório Central Nacional da Argentina são incluídas em um banco de dados nacional, sob responsabilidade da Polícia Federal Argentina.

130. Já no Brasil, estabelece a Constituição Federal de 1988, em seu artigo 5°, inciso LXI, que "ninguém será preso senão em flagrante delito ou **por ordem escrita e fundamentada de autoridade judiciária competente**, salvo nos casos de transgressão militar ou crime propriamente militar, definidos em lei". Destarte, aqui, não é juridicamente possível a utilização da difusão vermelha, por si só, como mandado de prisão preventiva a justificar a privação de liberdade de um foragido internacional.

131. ARGENTINA. ***Ley 24.767.*** Disponível em: <https://www.oas.org/juridico/mla/sp/arg/sp_arg-mla-leg-24-767.html>. Acesso em 18 jun. 2018.

país. Na ausência de tratado, tal qual acontece no Brasil, a extradição ainda será possível mediante oferecimento de compromisso ou promessa de reciprocidade.

A Argentina prestará a qualquer Estado a mais ampla ajuda, no que se relaciona à investigação, julgamento e punição de delitos e garantirá que a tramitação do processo ocorra da maneira mais diligente possível, a fim de que não se desnature a medida (cf. *artículo* 1° da *Ley* 24.767).

A extradição passiva deverá respeitar o princípio da dupla incriminação e não terá cabimento em casos de crime político ou militar; quando o processo que motiva o pedido tramitar por comissão especial proibida ou evidenciar propósitos de perseguição em razão das opiniões políticas, nacionalidade, raça ou religião das pessoas envolvidas; houver fundados motivos para supor que o requerido (extraditando) poderá ser submetido à tortura ou outros tratamentos ou penas cruéis, desumanos ou degradantes; quando ao autor do delito se impuser pena de morte e o Estado requerente não garantir sua inaplicabilidade ao caso (não assumir tal compromisso perante o Estado requerido).

Não será concedida a extradição em caso de prescrição, segundo a lei do Estado requerente; se a pessoa reclamada já tiver sido processada e julgada na Argentina ou em qualquer outro país pelos mesmos fatos ensejadores do pedido (*non bis in idem*); se o processo tiver corrido à revelia e o Estado requerente não assegurar que se permitirá ao extraditando o direito de defesa e, em consequência, a prolação de nova sentença em processo penal; se o Estado requerente não der garantias de que computará o tempo de privação de liberdade a que o extraditando ficou submetido durante o trâmite do processo extraditório (detração).

No que toca à possiblidade de extraditar seus nacionais, a Argentina entende que poderá um argentino ser entregue à extradição, desde que prevista a obrigatoriedade em tratado. Nos demais casos, poderá o nacional optar por ser julgado por tribunais pátrios, ocasião em que o pedido de extradição será denegado. Ressalte-se que, mesmo quando há previsão de extradição de nacionais em tratado, caberá ao Poder Executivo decidir se o requerido (extraditando) poderá escolher onde quer ser julgado.

O artigo 10 da lei de extradição argentina permite que razões especiais de soberania nacional, segurança ou ordem públicas tornem "inconveniente" o acolhimento do pedido. A utilização de conceitos indeterminados[132] e polissêmicos na lei consiste em fator de discricionariedade, a permitir que a decisão sobre a extradição se torne ato meramente político, desprovido de racionalidade, razoabilidade e previsibilidade. Sobre o tema, repise-se, é importante salientar que a extradição é dever de assistência mútua entre os Estados.

Recebido o pedido de extradição, o juiz expedirá mandado de prisão em desfavor da pessoa requerida, se esta já não estiver privada de sua liberdade. Interessante ressaltar a inteligência do artigo 26 da *Ley* 24.767:

> *ARTÍCULO 26 - Recibido el pedido de extradición, el juez librará orden de detención de la persona requerida, si es que ya no se encontrare privada de su libertad.* ***En el tramite de extradición no son aplicables las normas referentes a la eximición de prisión o excarcelación, con excepción de los casos expresamente previstos en esta ley.*** (grifos nossos)[133]

O juízo da extradição não poderá discutir acerca da existência do fato imputado ou da culpabilidade do agente, restringindo o debate às condições formais exigidas pela lei (juízo de delibação),

132. Conceito indeterminado é aquele que não possui um significado preciso, normalmente composto por expressões vagas e semanticamente abertas, que prescindem de interpretação do julgador.

133. Tradução livre: Artigo 26 – Recebido o pedido de extradição, o juiz expedirá mandado de prisão da pessoa requerida (extraditando), se esta já não se encontrar privada de sua liberdade. **No trâmite da extradição não são aplicáveis as normas referentes à revogação da prisão ou da liberdade provisória, com exceção dos casos expressamente previstos nesta lei.**

semelhante ao sistema belga, também adotado no Brasil. Filia-se, portanto, ao princípio da contenciosidade limitada.

Observe-se que a sentença judicial, quando se entender pela extradição, limitar-se-á a declarar sua procedência. Desta decisão, cabe recurso de apelação à *Corte Suprema de Justicia de la Nación*, o qual terá efeito suspensivo (cf. *Artículo* 33). A decisão final acerca da extradição declarada procedente caberá ao Poder Executivo, nos mesmos moldes do que ocorre no direito brasileiro.

De modo peculiar, interessa compreender como se dá a prisão cautelar para fins de extradição na Argentina, medida esta que será procedente quando tiver sido solicitada pelas autoridades do Estado requerente ou quando o indivíduo tiver seu nome incluído na difusão vermelha da INTERPOL, conforme já explicitado anteriormente.

Todo preso preventivamente para fins de extradição será levado a juízo em até 24 (vinte e quatro) horas e poderá ser posto em liberdade se a formalização do pedido de extradição não ocorrer em 30 (trinta) dias, contados da comunicação da prisão ao Estado requerente. Enquanto durar a prisão preventiva, poderá o extraditando dar seu consentimento para efetivação da extradição de forma sumária, o que encerrará o feito e dará início aos trâmites burocráticos para sua entrega.

Percebe-se de forma cristalina que, na Argentina, a prisão preventiva é regra, a garantir a efetividade do instituto da extradição. O texto legal não faz qualquer alusão a exceções diante das peculiaridades do caso concreto, o que se aproxima do texto do Estatuto do Estrangeiro, agora revogado.

De maneira diversa do que ocorre no Brasil, a legislação argentina permite que a difusão vermelha da INTERPOL funcione como mandado de prisão, sendo o preso posteriormente apresentado a um juízo federal. A Corte Suprema somente interfere no processo extraditório para analisar recurso porventura interposto. Por tudo isso, é possível que essas medidas confiram ao processo de extradição na Argentina maior celeridade.

2.3.2. A Extradição nos Estados Unidos

Nos Estados Unidos, a difusão vermelha da INTERPOL[134] não se equipara a mandado de prisão preventiva, servindo apenas como alerta sobre foragidos internacionais. A difusão vermelha, por si só, não possui o condão de permitir a prisão de qualquer pessoa em território norte-americano, pois a Quarta Emenda da Constituição Americana requer a expedição de mandado por corte ou juízo dos Estados Unidos, baseado em caso provável e possível. Neste aspecto, o direito norte-americano se aproxima do brasileiro.

Assim, os dados dos indivíduos incluídos na difusão vermelha são inseridos, pelo Escritório Central Nacional da INTERPOL em Washington, em banco de dados nacionais. Quando o foragido é encontrado em território americano, realiza-se, a princípio, avaliação acerca de possível violação à lei de migração, situação que pode viabilizar sua deportação, medida esta indubitavelmente mais célere que a extradição, mas com objetivos e naturezas distintas.

Segundo o título 18 do *US Code*, em seu capítulo 209, § 3196[135], mesmo que o tratado ou convenção aplicável não obrigue os Estados Unidos a extraditarem seus cidadãos (nacionais), o Secretário de Estado poderá ordenar sua entrega, desde que todos os requisitos do tratado sejam cumpridos. Esse posicionamento diverge profundamente daquele adotado pelo Brasil, conforme visto em tópico anterior.

A prisão preventiva para fins de extradição é tida como apropriada quando o Estado requerente acredita no risco de o foragido evadir-se (*periculum libertatis*). Questiona-se, entretanto, se o foragido já não estaria se esquivando da justiça do Estado requerente e,

134. *USA. The United States Department of Justice. Offices of the United States Attorneys.* ***Interpol red notices***. Disponível em: <https://www.justice.gov/usam/criminal-resource-manual-611-interpol-red-notices>. Acesso em 10 jul. 2018.

135. *U.S Code. Legal Information Institute.* ***Extradition of United States citizens***. Disponível em: <https://www.law.cornell.edu/uscode/text/18/3196>. Acesso em 23 jun. 2018.

por isso, teoricamente em fuga, o que sempre justificaria a privação de liberdade para garantir a efetividade da extradição, caso a análise seja realizada apenas sob a ótica do Estado requerente.

Depois de receber o pedido de prisão preventiva, a autoridade central americana (The *Office of International Affairs - OIA*[136]) fornece, ao procurador do local em que o foragido se encontra, informações sobre este, a saber: nome, identidade, paradeiro, crime

136. "*The* ***Office of International Affairs (OIA)*** returns fugitives to face justice and obtains essential evidence for criminal investigations and prosecutions worldwide by working with domestic partners and foreign counterparts to facilitate the cooperation necessary to enforce the law, advance public safety, and achieve justice. ***OIA is focused on fighting crime at home and abroad by ensuring criminals are held accountable for their actions regardless of where in the world they may be hiding. As DOJ's nerve center for international criminal law enforcement coordination, OIA fulfills its mission by extraditing and removing fugitives, gathering international evidence, providing legal advice to DOJ leadership and prosecutors, and negotiating and implementing treaties. OIA plays a central role in apprehending and returning fugitives from justice to hold them accountable for their crimes. Using all the legal tools at its disposal—extradition, deportation, and other lawful measures—OIA works with domestic and foreign partners to extradite or lawfully remove criminals sought for prosecution in the United States or abroad for a wide variety of serious offenses, including violent crime***". Em tradução livre: "O Escritório de Assuntos Internacionais (OIA) retorna fugitivos para que enfrentem a justiça e obtém provas essenciais para investigações criminais em todo o mundo, trabalhando com parceiros domésticos e contrapartes estrangeiras para facilitar a cooperação necessária para fazer cumprir a lei, promover a segurança pública e alcançar a justiça. O OIA está focado no combate ao crime no país e no exterior, garantindo que os criminosos sejam responsabilizados por suas ações, independentemente do local em que estejam escondidos. Como centro nervoso do DOJ (Departamento de Justiça) para a coordenação da aplicação da lei criminal internacional, o OIA cumpre sua missão extraditando e removendo fugitivos, reunindo evidências internacionais, fornecendo assessoria jurídica à liderança e promotores do DOJ e negociando e implementando tratados. OIA desempenha um papel central na apreensão e retorno de fugitivos da justiça para responsabilizá-los por seus crimes. Utilizando todas as ferramentas legais à sua disposição – extradição, deportação e outras medidas legais – o OIA trabalha com parceiros nacionais e estrangeiros para extraditar ou remover legalmente criminosos procurados por processos nos Estados Unidos ou no exterior por uma ampla variedade de crimes graves, incluindo crimes violentos". (***The United States Department of*** *Justice*. ***Office of International Affairs***. Disponível em: <https://www.justice.gov/criminal-oia>. Acesso em 24 jun. 2018).

do qual foi acusado, mandado de prisão da autoridade estrangeira em seu desfavor e pedido de prisão preventiva. O promotor, por sua vez, apresenta o caso em juízo e este expede mandado de prisão preventiva para fins de extradição. Detido, o fugitivo é levado à presença do magistrado, que o informa acerca do motivo de sua prisão[137].

A diferença do sistema anglo-americano para o sistema belga é que, enquanto neste o exame se restringe à legalidade, regularidade e procedência do pedido, no primeiro permite-se a dilação probatória, ou seja, há exame pormenorizado acerca do mérito do crime objeto do pedido de extradição, da decisão judicial (de lavra de autoridade competente do Estado requerente) que o embasa e de eventuais vícios processuais (no processo originário, ou seja, do Estado requerente). Deste modo, a defesa do extraditando poderá adentrar o mérito da acusação e o magistrado, ao decidir, não se restringirá a formalidades típicas de um juízo de delibação.

Este procedimento permite ao extraditando a garantia da ampla defesa no Estado requerido e verdadeira revisão de fundo sobre sua responsabilidade penal. Implica, contudo, demora na decisão do processo extraditório, que pode ser atenuada se o extraditando renunciar ao seu direito de audiência – ou seja, não se opuser ao pedido de extradição[138].

---

137. *USA. The United States Department of Justice. Offices of the United States Attorneys.* ***Criminal Resource Manual.*** Disponível em: <https://www.justice.gov/usam/criminal-resource-manual-615-procedure-when-provisional-arrest-requested>. Acesso em 23 jun. 2018.

138. Importante destacar que apenas aos 09.09.2016 foi efetivada a primeira extradição requerida pelo Brasil aos Estados Unidos. O pedido do governo brasileiro deu-se em 2014, para fins de extraditar o paraguaio Yahya Ali Zaitar, acusado de tráfico de drogas pelo juízo da 5ª Vara Federal de Guarulhos/SP. O extraditando, que cumpria pena nos EUA, abriu mão de seu direito à audiência. (MINISTÉRIO DA JUSTIÇA. **Efetivada primeira extradição solicitada pelo Brasil aos Estados Unidos.** Disponível em: <http://www.justica.gov.br/news/efetivada-primeira-extradicao-solicitada-pelo-brasil-aos-estados-unidos>. Acesso em 24 jun. 2018).

2.3.3. A Extradição na Alemanha

De modo semelhante e sem grandes novidades conceituais, a Alemanha permite que estrangeiro, processado ou condenado criminalmente em outro Estado, possa ser entregue, a pedido deste, para fins de responder à ação penal ou à execução de pena ou outra sanção imposta em decorrência do delito[139] que lhe é imputado. A extradição poderá ser concedida com base em tratado ou nas garantias e compromissos de reciprocidade ofertados pelo Estado requerente (cf. *Section 5*)[140].

A extradição somente será concedida se existir mandado de prisão ou documento com força legal correspondente, expedido por autoridade competente do Estado requerente, ou ainda sentença penal condenatória transitada em julgado, com a descrição da legislação aplicável ao caso concreto (cf. *Section 10*).

No que toca à prisão para fins de extradição, esta poderá ser deferida, mesmo antes (preventiva) ou após o recebimento de um pedido de extradição, se houver perigo de que o extraditando possa evitar o processo de extradição ou sua execução (perigo real de fuga); ou se, com base em fatos verificáveis (concretos), houver fortes razões para acreditar que a pessoa obstruiria a investigação no procedimento estrangeiro ou no próprio processo de extradição (cf.

---

139. Este delito deve ser punível também na Alemanha com pena de pelo menos um ano, conforme *Section* 3 do ***Act on International Cooperation in Criminal Matters*** (ALEMANHA. ***Act on International Cooperation in Criminal Matters*** *of 23 December 1982 (Federal Law Gazette I page 2071), as last amended by Article 1 of the Act of 21 July 2012, Bundesgesetzblatt I 2012, 1566*. Disponível em: <http://www.gesetze-im-internet.de/englisch_irg/englisch_irg.html#p0026>. Acesso em 07 jul. 2018).

140. Observe-se, outrossim, que o ato sobre cooperação internacional em matéria criminal alemão exclui a possibilidade de extradição de nacionais (cf. *Section* 2, (3)), tal qual ocorre no Brasil. Dentro da União Europeia, entretanto, a extradição de nacionais é permitida (ALEMANHA. ***Act on International Cooperation in Criminal Matters*** *of 23 December 1982 (Federal Law Gazette I page 2071), as last amended by Article 1 of the Act of 21 July 2012, Bundesgesetzblatt I 2012, 1566*. Disponível em: <http://www.gesetze-im-internet.de/englisch_irg/englisch_irg.html#p0026>. Acesso em 07 jul. 2018).

Section 15 e 16). Ressalte-se que, de forma racional, caso se perceba *ab initio* que a extradição não será concedida, a prisão cautelar não terá cabimento.

Destaque-se que, para a Alemanha, a difusão vermelha consiste em pedido de prisão cautelar para fins de extradição. O Escritório Central Nacional da INTERPOL de Wiesbaden, na Alemanha, representado pela *Bundeskriminalamt* (Polícia Federal Criminal), pode publicar pedidos de detenção ou localização no sistema nacional de busca eletrônica da polícia alemã, com fulcro na *Section* 18, ante o princípio da legalidade, desde que existam compromissos de direito internacional e não haja óbices legais no caso concreto, em concordância com a *Bundesamt für Justiz* (Secretaria Federal da Justiça no Ministério da Justiça)[141].

Presa, a pessoa será informada sobre as razões de sua prisão, receberá cópia do mandado (cf. *Section* 20) e será levada à presença de um juiz, que examinará suas circunstâncias pessoais (do extraditando preso) e o objeto das acusações, procedimento este que respeita os ritos processuais nacionais. Ao preso serão garantidos os direitos de ser assistido por advogado (cf. *Section* 40), permanecer em silêncio ou fazer quaisquer declarações sobre os fatos que lhe são imputados (cf. *Section 22*). Se a pessoa procurada não levantar objeções à extradição, o juiz avisará sobre a possibilidade de extradição simplificada[142] e suas consequências legais[143].

---

141. Ver: INTERPOL. ***Interpol legal materials***. Disponível em: <https://www.interpol.int/About-INTERPOL/Legal-materials>. Acesso em 10 jul. 2018.

142. Após apresentar a extradição simplificada ou sumária na Argentina e Alemanha e o procedimento diferenciado (e, por isso, mais célere) quando há a renúncia ao direito de audiência nos Estados Unidos, convém apresentar novidade trazida pela Lei n° 13.445/2017, em seu artigo 87, que prevê a possibilidade de o extraditando se entregar voluntariamente ao Estado requerente, desde que – assistido por advogado e devidamente cientificado de seu direito a um processo judicial de extradição – declare expressamente sua vontade.

143. A extradição poderá ser concedida sem processo formal de extradição desde que o extraditando, depois de ter sido cientificado sobre seus direitos, consente na extradição simplificada e o seu consentimento é registado no tribunal. Importante

O mandado de prisão para extradição será revogado assim que os requisitos para a prisão cautelar deixarem de existir ou se proferida decisão indeferindo a extradição (cf. *Section* 24). Poder-se-á determinar a suspenção da execução da prisão ou soltura do extraditando se medidas menos invasivas (cautelares pessoais diversas da prisão) forem capazes de assegurar o cumprimento da extradição. Há de se destacar que haverá revisão dos requisitos e da necessidade de permanência da medida restritiva de liberdade a cada dois meses (cf. *Section* 26).

As provas relativas à admissibilidade da extradição também se estenderão à existência de indícios suficientes sobre a autoria delitiva e caberá ao juiz determinar o modo como as provas serão apresentadas, bem como a sua extensão, sem vinculações a pedidos, dispensas ou decisões prévias. Ou seja, a análise da extradição não está restrita ao controle de legalidade e regularidade extrínseca do pedido.

Caso a extradição seja concedida, se o extraditando não estiver sob custódia e a extradição não puder ser assegurada de outra maneira, será ordenada a prisão para fins de execução de extradição. Esta medida está sendo adotada pelo Escritório Central Nacional da INTERPOL no Brasil, que tem representado por nova prisão cautelar dos extraditandos, em casos nos quais havia sido substituída a prisão preventiva por medida cautelar diversa[144].

Percebe-se, nesta breve análise, grande preocupação da Alemanha com a garantia dos direitos fundamentais do extraditando e da necessidade de demonstração da cautelaridade para permitir a

---

destacar que tal consentimento não pode ser revogado (cf. Section 41 - ALEMANHA. ***Act on International Cooperation in Criminal Matters** of 23 December 1982 (Federal Law Gazette I page 2071), as last amended by Article 1 of the Act of 21 July 2012, Bundesgesetzblatt I 2012, 1566*. Disponível em: <http://www.gesetze-im-internet.de/englisch_irg/englisch_irg.html#p0026>. Acesso em 07 jul. 2018).

144. Fonte: Despacho elaborado, aos 25.05.2018, pelo Delegado de Polícia Federal Bruno Eduardo Samezima, lotado na INTERPOL/CGCI/DIREX/PF, no bojo do processo SEI n° 08209.000096/2018-19.

restrição de sua liberdade. Além disso, ao disciplinar a prisão para fins de execução de extradição, demonstra cuidado para garantir a efetividade da medida, com a entrega do extraditando ao Estado requerente.

Analisadas as peculiaridades dos sistemas adotados pela Argentina – com quem o Brasil possui amplas relações internacionais na temática de extradição, especialmente pela localização geográfica, que permite maior facilidade na movimentação de foragidos, bem como pela integração regional pretendida a partir do MERCOSUL –, pelos Estados Unidos, que adota sistema diverso do brasileiro e pela Alemanha, que influenciou a rede protetiva de direitos fundamentais constantes da Constituição Federal de 1988, tratar-se-á das minúcias da prisão cautelar para fins de extradição no Brasil.

3

PRISÃO CAUTELAR PARA FINS DE EXTRADIÇÃO NO BRASIL

Nos processos de extradição passiva, o pedido de prisão cautelar[145], com o objetivo de assegurar a executoriedade da medida

145. Esse pedido poderá ser transmitido à autoridade competente para extradição no Brasil por meio de canal estabelecido com o ponto focal da Organização Internacional de Polícia Criminal (INTERPOL) no País, devidamente instruído com a documentação comprobatória da existência de ordem de prisão proferida por Estado estrangeiro, e, em caso de ausência de tratado, com a promessa de reciprocidade recebida por via diplomática (cf. artigo 84, §2°, da Lei n° 13.445/2017). No final de 2013, com a publicação da Lei nº 12.878/2013 (também conhecida como Lei da Difusão Vermelha), o canal INTERPOL passou a ser reconhecido como instrumento legítimo para o encaminhamento de pedido de prisão cautelar para extradição. Em maio de 2016, o então Ministério da Justiça e Cidadania, por meio da Portaria nº 522/2016, levando em consideração que "incumbe à Secretaria Nacional de Justiça e Cidadania, por intermédio do Departamento de Recuperação de Ativos e Cooperação Jurídica Internacional- DRCI, exercer a função de autoridade central para o trâmite dos pedidos de cooperação jurídica internacional, inclusive em assuntos de extradição, de transferência de pessoas condenadas e de execução de penas, coordenando e instruindo pedidos ativos e passivos, a teor do artigo 10, inciso V, do Anexo I, do Decreto nº 8.668, de 11 fevereiro de 2016", resolveu que o encaminhamento do pedido de prisão para fins de extradição seria feito ao Supremo Tribunal Federal pela Secretaria Nacional de Justiça e Cidadania, representada pelo DRCI, ou pela Polícia Federal, representada pelo Escritório Central Nacional da Organização Internacional de Polícia Criminal – INTERPOL (conforme artigo 2º, § 1º, incisos I e II, da Portaria nº 522/2016-MJC). Apesar de revogada

(efetiva entrega do extraditando ao Estado requerente, quando do trânsito em julgado do processo de extradição), deverá ser fundamentado e conter informação sobre o crime cometido, como a data do fato e suas circunstâncias, pena, prescrição, individualização da conduta e do infrator.

A redação do artigo 84 da Lei nº 13.445/2017[146] disciplina que:

> Em caso de urgência, o Estado interessado na extradição **poderá**, previamente ou conjuntamente com a formalização do pedido extradicional, requerer, por via diplomática ou por meio de autoridade central do Poder Executivo, prisão cautelar com o objetivo de assegurar a executoriedade da medida de extradição que, após exame da presença dos pressupostos formais de admissibilidade exigidos nesta Lei ou em tratado, deverá representar à autoridade judicial competente, ouvido previamente o Ministério Público Federal[147]. (grifo nosso)

O Estatuto do Estrangeiro previa que a medida privativa de liberdade duraria até o julgamento final pelo Supremo Tribunal Federal e inadmitia a liberdade vigiada, a prisão domiciliar ou a prisão albergue (cf. artigo 84, parágrafo único, da Lei nº 6.815/1980). Apesar de aquela lei trazer a certeza de que a prisão perduraria até o julgamento final do processo, alguns Ministros da Suprema Corte vinham decidindo, por questões de respeito aos direitos fundamentais, que, em casos excepcionais, – após análise da periculosidade do extraditando, por exemplo – seria possível a conversão da prisão preventiva em prisão domiciliar, ainda que sem o uso de tornozeleira eletrônica (monitoramento eletrônico) ou concessão de liberdade provisória, ou mesmo o deferimento, de plano – pela mera análise

---

aquela portaria, a inteligência do artigo foi reproduzida no artigo 4º, § 2º da Portaria nº 217/2018-MJ.

146. BRASIL. **Lei nº 13.445/2017**. Disponível em: <http://www.planalto.gov.br/ccivil_03/_ato2015-2018/2017/lei/L13445.htm>. Acesso em 09 jun. 2018.

147. O Ministério Público atua como fiscal da lei, sendo o Estado requerente o titular da pretensão punitiva.

da representação da INTERPOL[148] ou do pedido do Estado requerente – de prisão domiciliar[149].

A Lei de Migração, em seu artigo 86, acolheu então o posicionamento jurisprudencial:

> O Supremo Tribunal Federal, ouvido o Ministério Público, poderá autorizar prisão albergue ou domiciliar ou determinar que o extraditando responda ao processo de extradição em liberdade, com retenção do documento de viagem ou outras medidas cautelares necessárias, até o julgamento da extradição ou a entrega do extraditando, se pertinente, considerando a situação administrativa migratória, os antecedentes do extraditando e as circunstâncias do caso.

Sublinhe-se que, apesar de medida extraordinária restringente do direito fundamental de liberdade, a prisão preventiva, no âmbito do processo de extradição, costuma ser imprescindível, notadamente quando se busca dar efetividade à cooperação internacional. Isso porque é comum, na análise do caso concreto, evidenciar a cautelaridade indicativa da imperiosidade da privação de liberdade como único meio proporcional e razoável, conforme será detalhado adiante.

Registre-se, desde logo, que apesar de se revestir de cautelaridade[150], a prisão preventiva para fins de extradição não deve ser

---

148. À representação, subscrita por Delegado de Polícia Federal lotado no Escritório Central Nacional da INTERPOL em Brasília, endereçada a Ministro do STF, deve acompanhar cópia da difusão vermelha do procurado internacional ou, excepcionalmente, elementos suficientes comprobatórios de que o foragido é procurado internacional para fins de extradição, tem contra si mandado de prisão expedido por autoridade competente e há claro interesse em sua extradição.

149. Como referência, cite-se a **Prisão Preventiva para Extradição - PPE** n° 760, autuada em 2015, cujo relator foi o Ministro Edson Fachin.

150. Aqui entendida como medida assecuratória dos interesses da jurisdição criminal. BADARÓ destaca que a tutela cautelar "tem por finalidade assegurar a utilidade e a eficácia de um provimento jurisdicional futuro. Ante o perigo da demora, até que seja concedida a tutela jurisdicional apta a satisfazer definitivamente a pretensão

confundida com a prisão preventiva, prevista no Código de Processo Penal. Esta diferenciação, por sua singularidade e importância na compreensão da matéria, será esmiuçada em tópico próprio.

Para prevenir a evasão do foragido internacional - que, a princípio, já está em evidente esquiva à justiça penal do Estado requerente –, a prisão preventiva era entendida, sob a égide do Estatuto do Estrangeiro, como condição objetiva de procedibilidade ao exame do pedido de extradição. Entendia-se incoerente dar sequência ao processo extradicional, movimentar a máquina pública e não acautelar o extraditando, restando inócua a cooperação internacional pretendida e, consequentemente, vazio o tratado de extradição pactuado ou a promessa de reciprocidade garantida.

Sobre o tema, a Ministra Rosa Weber, em seu voto na Extradição nº 1457/DF[151], esclareceu o posicionamento da Suprema Corte anterior à alteração legislativa, observando que a prisão cautelar para fins de extradição possuía função instrumental de garantia da efetiva entrega do extraditando ao Estado requerente.

Assim, somente em casos excepcionais o Tribunal admitia o seu afastamento, especialmente por razões de saúde ou condição familiar específica do extraditando, desde que atendidos os princípios da razoabilidade e proporcionalidade.

Note-se que a impossibilidade de conversão da prisão em medida menos gravosa, constante do texto legal do Estatuto do Es-

---

do autor, é necessário assegurar que tal provimento, a ser proferido em tempo futuro, não se torne inócuo devido à morosidade do processo. Trata-se, pois, de uma tutela assecuratória ou conservativa". (BADARÓ, Gustavo Henrique Righi Ivahy. **A prisão preventiva e o princípio da proporcionalidade: proposta de mudanças legislativas.** Revista da Faculdade de Direito, Universidade de São Paulo, v. 103, p. 381-408, 1 jan. 2008. p 385. Disponível em: <http://www.revistas.usp.br/rfdusp/article/view/67811/70419>. Acesso em 18 set. 2018).

151. BRASIL. SUPREMO TRIBUNAL FEDERAL. **Extradição nº 1457/DF**. Ministra Relatora Rosa Weber, Primeira Turma, julgamento em 25.04.2017, DJE de 07.06.2017. Disponível em: <http://www.stf.jus.br/portal/processo/verProcessoAndamento.asp?incidente=4986749>. Acesso em 17 jul. 2017.

trangeiro, foi entendida como desarrazoada pelo Partido Socialista Brasileiro, que interpôs Arguição de Descumprimento de Preceito Fundamental, com o objetivo de ver declarada a não recepção do parágrafo único do artigo 84 daquele Estatuto (Lei n° 6.815/1980) e do artigo 208 do Regimento Interno do Supremo Tribunal Federal (RISTF) pela Constituição Federal de 1988.

Os fundamentos da ADPF n° 425/DF serão abordados no próximo tópico, a fim de auxiliar a construção do raciocínio acerca da prisão cautelar para fins de extradição como condição de procedibilidade do processo extraditório.

3.1. A ADPF N° 425/DF E AS NORMAS QUE OBRIGAVAM A PRISÃO PREVENTIVA PARA TRAMITAÇÃO DE PROCESSO DE EXTRADIÇÃO

A Arguição de Descumprimento de Preceito Fundamental (ADPF) n° 425/DF[152], deflagrada em outubro de 2016, ainda sob a égide do Estatuto do Estrangeiro, defendeu a inconstitucionalidade da obrigatoriedade da prisão preventiva para fins de extradição, sem qualquer possibilidade de conversão em medida diversa e sem limites para sua duração. Pretendia-se a efetivação da análise do caso concreto para a privação de liberdade não se traduzir em mera presunção legal abstrata, mas na demonstração de pertinência, necessidade e razoabilidade, veiculada por decisão judicial fundamentada.

Nesse diapasão, pleiteou-se a declaração da não recepção, pela Constituição Federal de 1988, do parágrafo único do artigo 84

152. BRASIL. SUPREMO TRIBUNAL FEDERAL. **Argüição de Descumprimento de Preceito Fundamental nº 425/DF**. Relator Ministro Edson Fachin. Disponível em: <http://www.stf.jus.br/portal/processo/verProcessoAndamento.asp?incidente=5084367>. Acesso em 10 jul 2017.

daquele Estatuto (Lei n° 6.815/1980)[153] e do artigo 208 do Regimento Interno do Supremo Tribunal Federal (RISTF)[154].

Os preceitos fundamentais violados pelas normas mencionadas seriam, segundo a tese apresentada na petição inicial, a garantia da inviolabilidade do direito à liberdade dos estrangeiros e do direito ao tratamento isonômico em relação aos nacionais (cf. a cabeça do artigo 5° da Constituição Federal); o princípio da proporcionalidade inerente ao devido processo legal (cf. artigo 5°, inciso LIV, da Lei Maior); a proibição da privação de liberdade sem decisão fundamentada (cf. artigo 5°, inciso LXI, do texto constitucional) e, ainda, o princípio da prevalência dos direitos humanos (cf. artigo 4°, inciso II, da Carta Magna).

A ADPF n° 425/DF caminhou no sentido de a impossibilidade de conversão da prisão em medida menos gravosa não possuir amparo nem fundamento, por conflitar abertamente com a prevalência dos direitos humanos, que rege as relações internacionais do Brasil, o Pacto Internacional sobre Direitos Civis e Políticos (cf. artigo 9, 3.)[155]

---

153. "Art. 84. Efetivada a prisão do extraditando (artigo 81), o pedido será encaminhado ao Supremo Tribunal Federal.
Parágrafo único. A prisão perdurará até o julgamento final do Supremo Tribunal Federal, não sendo admitidas a liberdade vigiada, a prisão domiciliar, nem a prisão albergue".
(BRASIL. **Lei n° 6.815/1980**. Disponível em: <http://www.planalto.gov.br/ccivil_03/leis/L6815.htm>. Acesso em 18 jul. 2017).

154. "Art. 208. Não terá andamento o pedido de extradição sem que o extraditando seja preso e colocado à disposição do Tribunal". (BRASIL. SUPREMO TRIBUNAL FEDERAL. **Regimento interno**. Disponível em: <http://www.stf.jus.br/arquivo/cms/legislacaoRegimentoInterno/anexo/RISTF_integral.pdf>. Acesso em 10 jul. 2017).

155. "3. Qualquer pessoa presa ou encarcerada em virtude de infração penal deverá ser conduzida, sem demora, à presença do juiz ou de outra autoridade habilitada por lei a exercer funções judiciais e terá o direito de ser julgada em prazo razoável ou de ser posta em liberdade. A prisão preventiva de pessoas que aguardam julgamento não deverá constituir a regra geral, mas a soltura poderá estar condicionada a garantias que assegurem o comparecimento da pessoa em questão à audiência, a todos os atos do processo e, se necessário for, para a execução da sentença". (BRASIL. **Decreto n° 592/1992**. Disponível em: <http://www.planalto.gov.br/ccivil_03/decreto/1990-1994/d0592.htm>. Acesso em 01 jul. 2018).

e o Pacto de San José da Costa Rica (cf. artigo 7º, 5.)[156] – normas de caráter supralegal que estabelecem o princípio da liberdade provisória como direito subjetivo do indivíduo[157].

Sustentou-se que, para ser proporcional, a prisão não poderia ser a regra, mas sim a exceção, a *ultima ratio* do sistema. Avançou-se no sentido de reprimir – porque de encontro com a primazia dos direitos humanos – a obrigatoriedade da prisão do estrangeiro como condição *sine qua non* à procedibilidade do processo extraditório.

Em sede de decisão monocrática, o Ministro Edson Fachin assinalou que a Corte Constitucional brasileira, a despeito da proibição legislativa contida no Estatuto do Estrangeiro, tecia análise casuística nos pedidos de prisão preventiva para fins de extradição, implementando medidas cautelares pessoais, distintas da privação de liberdade, para fins de resguardar o princípio constitucional da proporcionalidade. Negou-se, destarte, a concessão da liminar requerida[158].

Doenças em estágio terminal, gravidez, idade avançada e extraditandos com filhos menores de idade sob sua responsabilidade

156. "Toda pessoa detida ou retida deve ser conduzida, sem demora, à presença de um juiz ou outra autoridade autorizada pela lei a exercer funções judiciais e tem direito a ser julgada dentro de um prazo razoável ou a ser posta em liberdade, sem prejuízo de que prossiga o processo. Sua liberdade pode ser condicionada a garantias que assegurem o seu comparecimento em juízo". (BRASIL. **Decreto nº 678/1992**. Disponível em: <http://www.planalto.gov.br/ccivil_03/decreto/1990-1994/anexo/and678-92.pdf>. Acesso em 01 jul. 2018).

157. BRASIL. SUPREMO TRIBUNAL FEDERAL. **Argüição de Descumprimento de Preceito Fundamental nº 425/DF**. Relator Ministro Edson Fachin. Disponível em: <http://www.stf.jus.br/portal/processo/verProcessoAndamento.asp?incidente=5084367>. Acesso em 10 jul. 2017.

158. BRASIL. SUPREMO TRIBUNAL FEDERAL. **Argüição de Descumprimento de Preceito Fundamental nº 425/DF**. **Decisão monocrática**. Relator Ministro Edson Fachin. Disponível em: <http://redir.stf.jus.br/estfvisualizadorpub/jsp/consultarprocessoeletronico/ConsultarProcessoEletronico.jsf?seqobjetoincidente=5084367>. Acesso em 11 set. 2018.

foram argumentos fáticos a justificar a inaplicabilidade do texto legal do Estatuto do Estrangeiro em sua interpretação literal, conforme se verá adiante.

Com a promulgação da Lei n° 13.445 em maio de 2017 e, sua entrada em vigor em novembro do mesmo ano, o Partido Socialista Brasileiro requereu fosse julgada prejudicada a Arguição de Descumprimento de Preceito Fundamental aludida alhures, em razão da perda superveniente de seu objeto, acreditando que o texto legal teria emprestado à prisão preventiva para fins de extradição caráter subsidiário.

O Tribunal, por unanimidade, aos 10 de outubro de 2018, julgou prejudicada a arguição de descumprimento de preceito fundamental, com a revogação expressa do Estatuto do Estrangeiro e, implícita, do artigo 208 do Regimento Interno do STF pela Lei n° 13.445/2017.

Ainda que a ação constitucional tenha perdido seu objeto, convém registrar que o Ministro Relator observou ter a prisão para fins de extradição deixado de ser obrigatória, ao mesmo passo em que seu caráter cautelar foi reconhecido pela Lei de Migração, não mais se exigindo, pela inteligência do referido normativo, o implemento da prisão para admissão e processamento (condição objetiva de procedibilidade) do processo extradicional[159].

Apesar de a alteração legislativa do Estatuto do Estrangeiro para a novel Lei de Migração ter, em tese, suprimido a prisão como condição de procedibilidade do processo extraditório, o Supremo Tribunal Federal tem decidido de forma dissonante ao que outrora foi deliberado, no voto do Ministro Fachin, na ADPF nº 425/DF.

---

159. BRASIL. SUPREMO TRIBUNAL FEDERAL. **Argüição de Descumprimento de Preceito Fundamental nº 425/DF. Decisão de Julgamento**. Relator Ministro Edson Fachin. DJE nº 230, divulgado em 26.10.2018. Disponível em: <http://portal.stf.jus.br/processos/downloadPeca.asp?id=15338928949&ext=.pdf>. Acesso em 11 nov. 2018.

3.2. DIFERENÇAS APONTADAS ENTRE PRISÃO PREVENTIVA NO PROCESSO PENAL E PRISÃO CAUTELAR PARA FINS DE EXTRADIÇÃO

A Constituição Federal de 1988, em seu artigo 5°, apregoa o princípio da isonomia, garantindo aos brasileiros e aos estrangeiros residentes no País a inviolabilidade do direito à liberdade. Ainda no mesmo artigo, apresenta o princípio da presunção de inocência como norteador de todo o processo penal (cf. inciso LVII).

Assim, ninguém será considerado culpado até o trânsito em julgado de sentença penal condenatória[160]. Contudo, utilizando-se das palavras de LOPES Jr.[161], dado que nenhum princípio é absoluto,

160. Cabe ressaltar que de 2009 (com o julgamento do Habeas Corpus- HC n° 84.078) até 2016, o STF entendeu que a execução da pena somente ocorreria quando esgotados todos os recursos, ou seja, com o trânsito em julgado da sentença penal condenatória (após os recursos porventura interpostos no Superior Tribunal de Justiça e no Supremo Tribunal Federal). Em 2016, sob o argumento de compatibilizar a efetividade da persecução penal com o princípio da presunção de inocência, a Suprema Corte brasileira reviu seu posicionamento e passou a interpretar que o artigo 283 do Código de Processo Penal não veda o início da execução da pena após a prolação da decisão condenatória em segundo grau de jurisdição (HC n° 126292). Desta forma, indeferiu liminares nas Ações Declaratórias de Constitucionalidade- ADCs 43 e 44, nas quais o Partido Nacional Ecológico (PEN) e o Conselho Federal da Ordem dos Advogados do Brasil (OAB) requeriam suspensão da execução antecipada da pena de todos os acórdãos prolatados em segunda instância. Em 2018, o Plenário do Supremo Tribunal Federal voltou a enfrentar o tema, no HC n° 152752, por meio do qual a defesa do ex-presidente Luiz Inácio Lula da Silva buscou impedir a execução provisória da pena diante da confirmação de sua condenação pelo Tribunal Regional Federal da 4ª Região (TRF-4). Entendeu-se que a alteração de posicionamento do STF somente poderá ocorrer no julgamento de mérito das ADCs 43 e 44. (ver BRASIL. SUPREMO TRIBUNAL FEDERAL. **Notícias STF: STF admite execução da pena após condenação em segunda instância.** Disponível em: <http://www.stf.jus.br/portal/cms/verNoticiaDetalhe.asp?idConteudo=326754>. Acesso em 11 jan. 2019).

161. LOPES Jr., Aury. **Prisões cautelares.** 5 ed. rev., atual. e ampl. São Paulo: Saraiva, 2017. p. 22.

> a presunção de inocência admite sua relativização através das prisões cautelares desde que observada sua base principiológica: jurisdicionalidade e motivação[162], contraditório quando possível, excepcionalidade, proporcionalidade, provisoriedade e provisionalidade.

Neste viés, a prisão cautelar, permitida pelo texto constitucional pátrio também em seu artigo 5º, inciso LXVI, deve ser compreendida como excepcional, a ser utilizada como última medida a ser adotada, ou seja, quando inúteis ou insuficientes forem as cautelares diversas (menos gravosas), previstas no artigo 319 do Código de Processo Penal[163]. Tudo isso decorrente do fundamento hermenêutico da Carta Constitucional, qual seja, o princípio da dignidade da pessoa humana.

Este pensamento é ratificado por LOPES Jr, para quem a excepcionalidade das prisões cautelares e a presunção de inocência devem caminhar lado a lado, reservando-se as primeiras para os casos mais graves, porque implicam elevado custo a toda a sociedade[164].

Esta mudança de concepção, na qual a prisão preventiva constitui exceção e não mais regra dentro do processo penal reflete o próprio sistema acusatório:

> *Este cambio, entre otros factores, estuvo dado por el reemplazo del paradigma del sistema inquisitivo por el cual la prisión preventiva constituía la regla. La reforma trajo consigo un nuevo paradigma,*

---

162. O princípio da jurisdicionalidade se relaciona com o devido processo legal (cf. artigo 5°, LXI, da Constituição Federal).

163. Para PACELLI e COSTA, "o encarceramento é um mal a ser evitado, devido ao seu alto potencial estigmatizante e aos inúmeros problemas sociais que disso decorrem, incluindo-se o aumento da violência e da criminalidade". (PACELLI, Eugênio e COSTA, Domingos Barroso da. **Prisão preventiva e liberdade provisória: a reforma da Lei n° 12.403/11.** São Paulo: Atlas, 2013. p. 40).

164. LOPES Jr., Aury. **Prisões cautelares.** 5 ed. rev., atual. e ampl. São Paulo: Saraiva, 2017. p. 43.

> *llamado por algunos como 'lógica cautelar', consistente en darle un carácter excepcional al encarcelamiento preventivo, y guiado por un conjunto de principios limitadores para su aplicación*[165].

Deste modo, admite-se a restrição de liberdade como medida cautelar com o escopo de preservar a própria persecução penal e sua efetividade. Para execução das medidas cautelares, porque excepcionais, deverão ser observadas a imprescindibilidade para a aplicação da lei penal, a conveniência para a investigação ou a instrução criminal e, nos casos previstos expressamente, a necessidade para evitar a prática de infrações penais[166], bem como a adequação à gravidade do crime, circunstâncias do fato e condições pessoais do indiciado ou acusado (cf. artigo 282 do CPP).

As medidas restritivas de direitos balizam-se, portanto, na promoção da dignidade da pessoa humana, observando-se para tanto os conceitos (ou princípios, como também entendidos) de razoabilidade e proporcionalidade. Assim, serão estes também os limites postos à concessão e à manutenção da cautelar de privação de liberdade.

Nas palavras de PACELLI e COSTA[167],

---

165. Tradução livre: "Essa mudança, entre outros fatores, deveu-se à substituição do paradigma do sistema inquisitorial pelo qual a prisão preventiva constituiu a regra. A reforma trouxe consigo um novo paradigma, chamado por alguns de "lógica da precaução", consistindo em dar um caráter excepcional ao encarceramento preventivo, e guiado por um conjunto de princípios limitantes para sua aplicação". (POSTIGO, Leonel González. ***Las medidas cautelares en América Latina. Estado de situación y desafíos.*** *In:* GIACOMOLLI, Nereu José (org.). **Prisão cautelar e medidas alternativas ao cárcere: anais do IV encontro nacional do instituto brasileiro de direito processual penal – IBRASPP.** Florianópolis: Empório do Direito, 2016. p. 39-40).

166. Chamado por LOPES Jr. como "risco de reiteração" que, segundo o autor, não seria conhecido pelo sistema jurídico brasileiro. (LOPES Jr., Aury. **Prisões cautelares.** 5 ed. rev., atual. e ampl. São Paulo: Saraiva, 2017. p. 42).

167. PACELLI, Eugênio e COSTA, Domingos Barroso da. **Prisão preventiva e liberdade provisória: a reforma da Lei n° 12.403/11.** São Paulo: Atlas, 2013. p. 31.

> a proporcionalidade é um critério de interpretação voltada para a efetiva proteção dos direitos fundamentais. Por isso, cumpre a missão de *proibição de excesso*, limitando ou mesmo afastando a validade de intervenções mais graves e/ou onerosas que o devido a determinado caso concreto; e, de outro lado, a de garantir a *máxima efetividade* dos direitos instituídos em favor de seu titular.

Consiste em estabelecer um fio condutor coerente entre a restrição de direito imposta e o resultado (útil) que se pretende alcançar. Desta forma, além de demonstrados materialidade e indícios suficientes de autoria delitiva, que se traduzem no *fumus commissi delicti* - que também pode ser entendida como a fumaça ou aparência do cometimento do ilícito penal - deve-se estabelecer, no caso concreto, construção argumentativa suficiente acerca do *periculum in libertatis*, ou seja, o perigo da manutenção da liberdade, a exemplo do risco concreto de fuga, destruição de provas, embaraço ou frustração da persecução penal, influências ou ameaças a testemunhas[168].

Assim, a prisão preventiva, nos termos dos artigos 311 a 316 do Código de Processo Penal, poderá ser decretada como garantia da ordem pública, da ordem econômica, por conveniência da instrução criminal (para tutela da prova), ou para assegurar a aplicação da lei penal, quando existir crime (materialidade comprovada ou prova da existência do crime) e houver indícios acerca da autoria delitiva.

Em apertada síntese, repise-se, a prisão cautelar prevista no Código de Processo Penal há de ser considerada medida excepcio-

---

168. Ao analisar a função das medidas cautelares pessoais, PACELLI e COSTA asseveram que "o Direito Penal, no Estado de Direito, há mesmo que ser ***mínimo***; a gravidade de suas consequências e os custos sociais de usa operacionalização são suficientes para reclamar a incidência da proibição do ***excesso*** em matéria penal. Ademais, um Direito Penal que a tudo pretende regular termina não regulando nada, o que expõe uma ineficácia que contraria a própria razão de ser da pena (e, logo, do Direito Penal), em sua função de prevenção geral". (PACELLI, Eugênio e COSTA, Domingos Barroso da. **Prisão preventiva e liberdade provisória: a reforma da Lei n° 12.403/11.** São Paulo: Atlas, 2013. p. 27).

nal e subsidiária, devendo-se prestigiar as alternativas ao cárcere enquanto não houver trânsito em julgado de sentença penal condenatória. Por oportuno, ressalte-se que a gravidade do delito por si só não é motivo suficiente para justificar a restrição de liberdade.

De outro modo, a prisão para fins de extradição é cautelar autônoma, diversa das hipóteses gerais e dos requisitos previstos no artigo 312 do Código de Processo Penal[169].

Ambas as prisões – para fins de extradição e preventiva – se aproximam por possuírem natureza de cautelares pessoais que restringem a liberdade de ir e vir, mas suas convergências, segundo a Suprema Corte brasileira, não vão adiante.

Conforme entendimento do Supremo Tribunal Federal, mesmo após a entrada em vigor da Lei nº 13.445/2017, a prisão para fins de extradição persiste como condição de procedibilidade do processo de extradição, destinada a assegurar a execução de eventual ordem de extradição, ou seja, a efetiva entrega do extraditando ao Estado requerente[170]. Nesse espírito, a previsão do artigo 86 da Lei nº 13.445/2017 consistiria em medidas de flexibilização da privação de liberdade ou hipóteses de revogação da prisão preventiva.

Não é esta última, entretanto, a leitura que se faz, em conjunto, dos artigos 84 e 86 da Lei de Migração, não podendo o julgador se arvorar além da vontade do legislador. O que este permitiu, em interpretação estrita, harmonizada à pureza da linguagem e ao apego ao vernáculo, foi que, em caso de urgência, se restringisse a liberdade do extraditando, prévia ou concomitantemente à formalização do pedido extradicional, com o objetivo de assegurar a executoriedade

---

169. BRASIL. SUPREMO TRIBUNAL FEDERAL. **Extradição** nº 890. Relator Ministro Celso de Mello, Tribunal Pleno, julgado em 05.08-2004, DJ 28.10.2004, p. 37.

170. Ver: BRASIL. SUPREMO TRIBUNAL FEDERAL. **Extradição nº 1531 AgR/DF**. Relator Ministro Roberto Barroso. Julgamento: 20.04.2018. Primeira Turma – DJe – 086, de 03.05.2018 e BRASIL. SUPREMO TRIBUNAL FEDERAL. **Extradição nº 1506 2º JULG/DF**. Rel. Min. Roberto Barroso. Julgamento em 12.12.2017. Primeira Turma. DJe – 027, de 14.02.2018.

da medida de extradição e; que o STF, ouvido o Ministério Público, autorizasse prisão albergue ou domiciliar ou determinasse que o extraditando respondesse ao processo de extradição em liberdade, com retenção do documento de viagem ou outras medidas cautelares necessárias, considerando sua situação administrativa migratória, seus antecedentes e as circunstâncias do caso.

A lei não fala em necessidade de cerceamento de liberdade como condição sem a qual o processo de extradição não teria andamento. Afinal, não seria razoável nem proporcional que, diante de condições sabidamente excepcionais da prisão cautelar para fins de extradição, necessariamente fosse o extraditando levado ao cárcere, para posterior e indiscutível revogação ou conversão da prisão preventiva em cautelar pessoal diversa. Desarrazoada também seria a manutenção do indivíduo em estabelecimento prisional durante todo o processo extraditório quando, em análise de cognição sumária, já se observa a probabilidade de, ao final, a extradição ser julgada improcedente.

Observe-se que a prisão poderá ser então concedida, em casos de urgência, repita-se, com caráter meramente instrumental, a fim de garantir a executoriedade da medida de extradição, com a efetiva entrega do extraditando. Nesse sentido, imprescindível a demonstração da cautelaridade existente no caso concreto a impor medida excepcional de constrição de liberdade.

Para que se possa refletir se a prisão preventiva para fins de extradição deve continuar a ser considerada, a exemplo do que vem decidindo o STF, como condição de procedibilidade do processo extraditório, convém explicar, *incontinenti*, o que se entende por condição de procedibilidade do processo e resgatar a base humanitária de Tratados e Convenções assinados e internalizados pelo Brasil, a fim de proporcionar hermenêutica sistemática do tema.

Necessária também a análise quantitativa e qualitativa dos processos de extradição julgados pela Suprema Corte brasileira, com o recorte temporal de 2015 (ainda sob a égide do Estatuto do Estrangeiro) a maio de 2018, levando-se em conta os dados estatísticos disponíveis no DRCI/SENAJUS/MJSP e no Escritório Central Nacional da INTERPOL em Brasília. Tudo isso no sentido de verificar a compatibilidade da prisão cautelar para fins de extradição como condição objetiva de procedibilidade deste processo com a centralidade com que os direitos humanos foram desenhados no texto da Constituição Federal, não apenas em suas relações internacionais.

3.3. PRISÃO COMO CONDIÇÃO OBJETIVA DE PROCEDIBILIDADE DO PROCESSO DE EXTRADIÇÃO

Entende-se por condição objetiva de procedibilidade[171] o requisito sem o qual não se pode dar prosseguimento ao processo, ou seja, aquele que, quando ausente, acarretará a extinção do processo por ausência de formalidade legal que torna impossível o seu avançar.

Com o Estatuto do Estrangeiro, por sua exegese, restava cristalino que a prisão cautelar para fins de extradição era condição sem a qual o processo de extradição não tinha seguimento, não sendo admitida medida alternativa ao cárcere com o objetivo de garantir a efetividade da cooperação internacional.

Acatava-se como lógica a prisão como regra para a extradição, partindo-se da premissa de que o extraditando estava fora do país em que cometeu o ilícito penal e isso, *de per se*, trazia a construção dialética de que estaria se esquivando da persecução penal, ou em plena fuga.

De fato, como dito anteriormente, a mitigação das fronteiras imposta pela globalização exige a intensificação diuturna da cooperação internacional em matéria penal. Este mesmo mundo globaliza-

---

171. Não se confunde com as condições da ação, que são, em verdade, as condições para o regular exercício do direito de ação e consistem em legitimidade das partes, interesse de agir e possibilidade jurídica do pedido. No processo penal, pode-se acrescer também a justa causa, como lastro probatório mínimo carreado pela acusação (JARDIM, Afrânio Silva. **Direito processual penal.** 11ed. Rio de Janeiro: Forense, 2005. p. 53-57).

do reclama, contudo, a necessidade de garantia de um *standard172* protetivo mínimo ao homem, cujos direitos fundamentais ocupam ou deveriam ocupar a centralidade do sistema jurídico de toda a comunidade internacional.

Assim, diante do conflito de interesses que se apresenta, não se há de considerar o extraditando como "mero objeto do processo" de extradição, de modo a que prevaleça o respeito universal dos direitos humanos[173]. Com efeito, isso significa dizer que a restrição de liberdade do extraditando deve se coadunar com os direitos e garantias constitucionalmente previstos no direito brasileiro[174].

Nesta linha, considerando o gravame à liberdade do extraditando como medida estruturante da extradição, o Supremo Tribunal Federal se viu por vezes obrigado a trazer alternativas argumentativas ou construções silogísticas ao processo decisório, distanciando-se da interpretação literal ou gramatical do texto do antigo Estatuto do Estrangeiro. Deste modo, permitiu em ocasiões específicas, a flexibilização da prisão preventiva para extradição.

Tais casos significavam exceções à regra, que apenas a confirmavam, ou seja, a prisão era tida como instrumento imprescindível à consecução da cooperação internacional e somente circunstâncias extremas seriam capazes de afastar a medida em processo extradicional, a exemplo de problemas de saúde do próprio extraditando ou existência de filhos menores sob sua responsabilidade.

---

172. Sobre a ideia de que os princípios coexistem entre si, ver: CANOTILHO, J.J. Gomes. **Direito constitucional e teoria da constituição.** 3ed. Coimbra: Almedina, 1999.

173. GRINOVER, Ada Pellegrini. **As garantias processuais na cooperação internacional em matéria penal.** p. 834-857. *In:* BAPTISTA, Luiz Olavo e, FONSECA, José Roberto Franco da (Coord). O direito internacional do terceiro milênio: estudos em homenagem ao professor Vicente Marotta Rangel. São Paulo: LTR, 1998. p. 838.

174. Para GRINOVER, a necessidade de intensificação da cooperação internacional em matéria penal caminha lado a lado com a consciência de que os direitos fundamentais são os vetores da própria cooperação e seus limites. (GRINOVER, Ada Pellegrini. **Processo penal transnacional: linhas evolutivas e garantias processuais.** São Paulo: Revista Brasileira de Ciências Criminais, ano 3, número 9, janeiro-março 1995, p. 40-83).

Veja-se que o direito processual penal pátrio executou movimento contrário e trouxe limites claros ao cerceamento de liberdade em sede de prisão preventiva, respeitando a dinâmica da comunidade internacional de proteção às liberdades individuais. A prisão preventiva para extradição, obrigatória e sem prazo, prevista no Estatuto do Estrangeiro, tornou-se, desta forma, figura heterogênea e diversa ao todo, que é, uníssono do sistema jurídico brasileiro.

A Lei nº 13.445/2017 veio, entre outros objetivos, para dar resposta à necessidade de congraçamento do instituto da extradição com o arcabouço protetivo assegurado pela Constituição Federal e seu alicerce hermenêutico da dignidade humana. Convém analisar o texto legal, quando dispõe sobre a prisão cautelar com o objetivo de assegurar a executoriedade da medida, traduzida na efetiva entrega do extraditando ao Estado requerente.

O artigo 84 utiliza a expressão "em caso de urgência", para indicar que o Estado interessado na extradição "poderá" requerer prisão cautelar para fins de extradição antes ou mesmo concomitantemente ao pedido de extradição. Destrinchando criticamente, percebe-se que a permissão para restrição da liberdade dar-se-ia nos casos em que a medida não pudesse ser retardada, seria, pois, excepcional. Teria cabimento nas oportunidades em que a manutenção da liberdade demonstrasse risco efetivo à cooperação internacional, o que corrobora a ideia da necessidade de revelar a cautelaridade, diante da prisão instrumental.

Observe-se que no § 6º do artigo 84, a lei prevê a "possibilidade" de prorrogação da prisão até o julgamento final do STF. E poder aqui significa faculdade, pressupondo a permanência dos fundamentos que tornaram possível a constrição de liberdade do extraditando.

O artigo 86, por sua vez, permite a imposição de medidas cautelares diversas da prisão preventiva para fins de extradição, desde que analisadas as circunstâncias do caso concreto. A partir da compreensão de que não há palavras írritas no texto da lei, denota-se, uma vez mais, que o caso concreto permitirá a decretação de medida menos gravosa que a prisão preventiva para fins de extradição, deixando cristalino que é possível, pelo menos no campo teórico, assegurar a entrega, sem que para isso seja imprescindível restringir a liberdade do extraditando durante toda a duração do processo de extradição.

Diante da intelecção do texto legal, persiste a compreensão de que deverão ser analisados a situação migratória e os antecedentes do extraditando, além das circunstâncias do caso concreto, para evidenciar a indispensabilidade de decretação da prisão preventiva ou a possibilidade de concessão de medida cautelar diversa.

Nesse caminho, não mais se percebe a vontade da lei de considerar a prisão preventiva para extradição como condição objetiva de procedibilidade do processo extradicional.

3.4. O PRINCÍPIO DA DIGNIDADE DA PESSOA HUMANA, A UNIVERSALIZAÇÃO DOS DIREITOS HUMANOS E A PRISÃO CAUTELAR PARA FINS DE EXTRADIÇÃO

O tema dos direitos "do homem" tem alicerces na França do século XVIII e, na atualidade, sua proteção é garantida em toda a comunidade internacional. A presença do assunto no discurso transnacional traduz espectro positivo da aproximação decorrente do processo de globalização e do crescente e consequente diálogo internacional.

Segundo a concepção jusnaturalista, os direitos humanos são direitos naturais, inatos ao homem, enquanto que para os juspositivistas, somente se tornam direitos quando positivados, ou seja, dispostos e expressos em norma jurídica, reconhecidos por determinado sistema jurídico como fundamentais. Na visão jusrealista, por sua vez, consistem no complexo de anseios da humanidade em determinado tempo e local, ou seja, seriam variáveis no contexto histórico.

Ressalte-se, como evidenciado por BOBBIO[175], que o problema com relação aos direitos do homem não consiste, hoje, em sua fundamentação, mas sim em sua proteção efetiva:

> Não se trata de saber quais e quantos são esses direitos, qual é sua natureza e seu fundamento, se são direitos naturais ou históricos, absolutos ou relativos, mas sim qual é o modo mais seguro para garanti-los, para impedir que, apesar das solenes declarações, eles sejam continuamente violados.

Importa ressaltar que os direitos humanos[176], tais como compreendidos hodiernamente, tiveram seu marco contemporâneo na Declaração Universal dos Direitos do Homem, de 1948, na qual a matéria se vê solidificada desde o preâmbulo, que dispõe programaticamente acerca do reconhecimento da dignidade humana como fundamento da liberdade e da justiça e da imprescindibilidade do respeito aos direitos do homem, como condicionante ao progresso social[177]. A partir daí os princípios de igualdade e dignidade huma-

---

175. BOBBIO, Norberto. **A era dos direitos.** Tradução de Carlos Nelson Coutinho. Rio de Janeiro: Elsevier, 2004. p. 17.

176. "A Declaração de 1948 introduz a concepção contemporânea de direitos humanos, marcada pela universalidade e indivisibilidade desses direitos. Universalidade porque a condição de pessoa é o requisito único e exclusivo para a titularidade de direitos, sendo a dignidade humana o fundamento dos direitos humanos. Indivisibilidade porque, ineditamente, o catálogo dos direitos civis e políticos é conjugado ao catálogo dos direitos econômicos, sociais e culturais". (PIOVESAN, Flávia. **Temas de direitos humanos**. 11. ed. São Paulo: Saraiva, 2018. p. 62).

177. "[Considerando] que o reconhecimento da dignidade inerente a todos os membros da família humana e seus direitos iguais e inalienáveis é o fundamento da liberdade, da justiça e da paz no mundo,
[Considerando] que o desprezo e o desrespeito pelos direitos do homem resultaram em atos bárbaros que ultrajaram a consciência da Humanidade, e que o advento de um mundo em que os homens gozem de liberdade de palavra, de crença e da liberdade de viverem a salvo do temor e da necessidade,
[Considerando] ser essencial que os direitos do homem sejam protegidos pelo império da lei, para que o homem não seja compelido, como último recurso, à rebelião contra a tirania e a opressão,
[Considerando] ser essencial promover o desenvolvimento de relações amistosas entre as nações,

na ganham patamar de autoridade nos diversos sistemas jurídicos, porque universais, inalienáveis a toda a humanidade e indivisíveis.

De maneira semelhante, a Declaração e Programa de Viena de 1993, adotada na Conferência Mundial sobre Direitos Humanos, dissemina ser a dignidade da pessoa humana a base de todos os direitos humanos, sendo o homem o centro destes direitos e das liberdades fundamentais[178].

Na Convenção Americana sobre Direitos Humanos, ou Pacto de São José da Costa Rica, reafirma-se o propósito de consolidação da justiça social e do respeito aos direitos essenciais do homem, sendo estes a soma dos direitos econômicos, sociais e culturais, civis e políticos[179].

No Brasil, os direitos humanos ganharam corpo ao serem versados antes mesmo da estrutura do próprio Estado, nos primeiros artigos da Constituição Federal de 1988, que apresenta a expressão

---

[Considerando] que os povos das Nações Unidas reafirmaram, na Carta, sua fé nos direitos do homem e da mulher, e que decidiram promover o progresso social e melhores condições de vida em uma liberdade mais ampla,

[Considerando] que os Estados Membros se comprometeram a promover, em cooperação com as Nações Unidas, o respeito universal aos direitos e liberdades fundamentais do homem e a observância desses direitos e liberdades,

[Considerando] que uma compreensão comum desses direitos e liberdades é da mais alta importância para o pleno cumprimento desse compromisso". (TRATADO INTERNACIONAL. **Declaração universal dos direitos do homem.** Disponível em: <http://pfdc.pgr.mpf.mp.br/atuacao-e-conteudos-de-apoio/legislacao/direitos-humanos/declar_dir_homem.pdf>. Acesso em 16 jul. 2017).

178. TRATADO INTERNACIONAL. **Declaração e programa de ação de Viena – Conferência mundial sobre direitos humanos de 1993.** Disponível em: <https://www.oas.org/dil/port/1993%20Declara%C3%A7%C3%A3o%20e%20Programa%20de%20Ac%C3%A7%C3%A3o%20adoptado%20pela%20Confer%C3%AAncia%20Mundial%20de%20Viena%20sobre%20Direitos%20Humanos%20em%20junho%20de%201993.pdf>. Acesso em 02 dez 2018.

179. TRATADO INTERNACIONAL. **Convenção americana sobre direitos humanos**. Disponível em: <https://www.cidh.oas.org/basicos/portugues/c.convencao_americana.htm>. Acesso em 17 jul 2017.

basilar desses direitos, ou seja, o princípio da dignidade da pessoa humana como seu alicerce hermenêutico e fim da sociedade[180].

A dignidade humana pode ser compreendida, destarte, como espécie do gênero direito subjetivo[181] e atributo intrínseco a todo ser humano, simplesmente em virtude de sua condição humana[182]. A respeito do tema, SARLET[183] reforça que a dignidade da pessoa humana é

180. SARLET, Ingo Wolfgang. **Dignidade (da pessoa) humana e direitos fundamentais na Constituição Federal de 1988**. 10 ed. revista, atualizada e ampliada. Porto Alegre: Livraria do Advogado, 2015. p. 95.

181. Para FERRAJOLI, *"todos aquellos derechos subjetivos que corresponden universalmente a todos los seres humanos en cuanto dotados del status de personas, de ciudadanos o personas con capacidad de obrar; entendiendo por derecho subjetivo cualquier expectativa positiva (de prestaciones) o negativa (de no sufrir lesiones) adscrita a un sujeto por una norma jurídica; y por status la condición de un sujeto, prevista asimismo por una norma jurídica positiva, como presupuesto de su idoneidad para ser titular de situaciones jurídicas y/o autor de los actos que son ejercicio de éstas".* (FERRAJOLI, Luigi; BACCELLI, Luca; BOVERO, Michelangelo; *et al*. **Los fundamentos de los derechos fundamentales.** Madrid: Editorial Trota, 2001. p.19). Em tradução livre: "todos aqueles direitos subjetivos que correspondem universalmente a todos os seres humanos enquanto dotados do ***status*** de pessoas, de cidadãos ou pessoas com capacidade de agir; entendendo por direito subjetivo qualquer expectativa positiva (de prestações) ou negativa (de não sofrer lesões) atribuída a um sujeito por uma norma jurídica; e por ***status*** a condição de um sujeito, prevista também por uma norma jurídica positiva, como pressuposto de sua idoneidade para ser titular de relações jurídicas e/ou autor dos atos que são exercício destas".

182. BARZOTTO, Luis Fernando. **Os direitos humanos como direitos subjetivos. Da dogmática jurídica à ética.** Disponível em: <http://www.amprs.org.br/arquivos/revista_artigo/arquivo_1273603208.pdf>. Acesso em 10 jan. 2018.
Ainda para o autor, na mesma obra, "a análise jurídica deve ter como interlocutor a pessoa humana como agente moral, capaz de reconhecer a humanidade compartilhada com outrem. Essa perspectiva não tem natureza técnica (dogmática) nem política (cidadão), mas ética (humano). Para entender os direitos humanos, essa perspectiva é central e os cidadãos e juízes, ao enfrentarem temas de direitos humanos, devem orientar seus pontos de vista técnicos e políticos a partir dela".

183. SARLET, Ingo Wolfgang. **Dignidade (da pessoa) humana e direitos fundamentais na Constituição Federal de 1988**. 10 ed. revista, atualizada e ampliada. Porto Alegre: Livraria do Advogado, 2015. p. 70-71.

> a qualidade intrínseca e distintiva reconhecida em cada ser humano que o faz merecedor do mesmo respeito e consideração por parte do Estado e da comunidade, implicando, neste sentido, um complexo de direitos e deveres fundamentais que assegurem a pessoa tanto contra todo e qualquer ato de cunho degradante e desumano, como venham a lhe garantir as condições existenciais mínimas para uma vida saudável, além de propiciar e promover sua participação ativa e corresponsável nos destinos da própria existência e da vida em comunhão com os demais seres humanos, mediante o devido respeito aos demais seres que integram a rede da vida.

Como bem apresenta SARLET, este vetor axiológico da Carta Maior consiste no valor fundamental da ordem jurídica, alcançando também as esferas filosófica e política - como espinha dorsal do Estado de Direito[184] - cuja matriz ainda repousa no pensamento kantiano. A concepção de Immanuel Kant, filósofo iluminista, harmoniza a dignidade como valor intrínseco ao ser humano - e por isso inalienável e irrenunciável - com a "noção de autonomia[185],

184. SARLET, Ingo Wolfgang. **Dignidade (da pessoa) humana e direitos fundamentais na Constituição Federal de 1988**. 10 ed. revista, atualizada e ampliada. Porto Alegre: Livraria do Advogado, 2015. p. 47. Este autor apresenta reflexão acerca da necessidade de buscar uma definição minimamente objetiva para a dignidade da pessoa humana, sob pena de esvaziar seu sentido e trazer insegurança em sua utilização, diante da abertura semântica que propõe. Apresenta, então, sua análise, por meio da qual se percebe que "onde não houver respeito pela vida e pela integridade física e moral do ser humano, onde as condições mínimas para uma existência digna não forem asseguradas, onde não houver limitação do poder, enfim, onde a liberdade e a autonomia, a igualdade (em direitos e dignidade) e os direitos fundamentais não forem reconhecidos e minimamente assegurados, não haverá espaço para a dignidade da pessoa humana, e esta (a pessoa), por sua vez, poderá não passar de mero objeto de arbítrio e injustiças". (Idem, p. 69).

185. Entende-se autonomia como capacidade abstrata de autodeterminação, ou seja, a liberdade para realizar escolhas (SARLET, Ingo Wolfgang. **Dignidade (da pessoa) humana e direitos fundamentais na Constituição Federal de 1988**. 10 ed. revista, atualizada e ampliada. Porto Alegre: Livraria do Advogado, 2015. p. 54). É vista por BARROSO como o elemento ético da dignidade humana: "é o fundamento do livre arbítrio dos indivíduos, que lhes permite buscar, da sua própria maneira, o ideal de viver bem e de ter uma vida boa. A noção central aqui é a de autodeterminação:

racionalidade e moralidade, concebidas como fundamento e mesmo conteúdo da dignidade"[186].

Em leitura que se reporta à Kant, DWORKIN defende que as pessoas têm direito a não sofrerem indignidades e a não serem tratadas com falta de respeito às suas culturas e aos valores de suas comunidades (por conseguinte, segundo critérios de tempo e espaço). De maneira mais imperativa, exige que a comunidade disponha de meios para assegurar a dignidade humana, partindo do pressuposto que este valor possui um viés positivo e outro negativo e que ambos se conectam, no sentido de assegurar à vida humana valor essencial e inviolável. A dignidade humana para DWORKIN, assim, consiste na liberdade para realizar suas próprias escolhas[187].

Tomando por referencial o princípio da dignidade humana e, na esteira do que se afirmou, já que os temas convergem para um núcleo comum, em relação dialética contínua, convém tecer olhar transversal sobre os direitos humanos.

Há de se observar que estes direitos não podem ser entendidos em caráter absoluto, pois o princípio da convivência das liberdades não admite que nenhuma garantia constitucional seja exercida de modo danoso à ordem pública e às liberdades alheias[188].

---

uma pessoa autônoma define as regras que vão reger a sua vida". (BARROSO, Luís Roberto. **Aqui, lá e em todo lugar: a dignidade humana no direito contemporâneo e no discurso transnacional.** *In:* Revista dos Tribunais, Ano 101, vol. 919, maio de 2012, p. 167).

186. SARLET, Ingo Wolfgang. **Dignidade (da pessoa) humana e direitos fundamentais na Constituição Federal de 1988**. 10 ed. revista, atualizada e ampliada. Porto Alegre: Livraria do Advogado, 2015. p. 41.

187. DWORKIN, Ronald. ***El dominio de la vida: una discusión acerca del aborto, la eutanasia y la libertad individual.*** *Versión española de CARACCIOLO, Ricardo y FERRERES, Víctor (Universitat Pompeu Fabra)*. Barcelona: Editorial Ariel, 1994. p. 303-310.

188. GRINOVER, Ada Pelegrini; FERNANDES, Antônio Scarance; GOMES FILHO, Antonio Magalhães. **As nulidades no processo penal.** 6. ed. rev., ampl. e atual. com nova jurisprudência e em face da Lei 9.099/95 e das leis de 1996. São Paulo: Editora Revista dos Tribunais, 1997. p.127.

Surge, desta forma, a necessidade de compreensão dos conceitos de razoabilidade e proporcionalidade, que não são singelas fórmulas matemáticas – não sendo viável atribuir pesos e valores, para solucionar conflitos de interesses[189]. Neste sentido, esclarecem MENDES e BRANCO[190] que

> o juízo de ponderação a ser exercido liga-se ao princípio da proporcionalidade, que exige que o sacrifício de um direito seja útil para a solução do problema, que não haja outro meio menos danoso para atingir o resultado desejado e que seja proporcional em sentido estrito, isto é, que o ônus imposto ao sacrificado não sobreleve o benefício que se pretende obter com a solução. Devem-se comprimir no menor grau possível os direitos em causa, preservando-se a sua essência, o seu núcleo essencial.

A dignidade da pessoa humana, com seu viés interpretativo, ou seja, diante de sua função hermenêutica, auxilia o deslinde dessas (aparentes) colisões entre direitos fundamentais, na busca pela melhor solução do caso concreto[191].

O que pode ser dito é que, quer denominados direitos humanos, quer denominados direitos fundamentais (direitos humanos positivados)[192], o texto constitucional aberto, polissêmico e

---

189. Para ALEXY, em sua obra **Teoria dos direitos fundamentais**, os princípios são mandamentos de otimização que serão cumpridos em diferentes graus, diante das possibilidades fáticas e jurídicas. (ALEXY, Robert. **Teoria dos direitos fundamentais.** Tradução de Vírgilio Afonso da Silva. 2 ed. São Paulo: Malheiros Editores, 2015).

190. MENDES, Gilmar Ferreira e; BRANCO, Paulo Gustavo Gonet. **Curso de direito constitucional.** 9 ed. São Paulo: Saraiva, 2014. p. 184.

191. Ver BARROSO, Luís Roberto. **Aqui, lá e em todo lugar: a dignidade humana no direito contemporâneo e no discurso transnacional.** Revista dos Tribunais. Ano 101, vol. 919, maio de 2012, p. 127-196.

192. Como bem explica MAIA FILHO, "a afirmação da noção contemporânea de direitos humanos, ao lado da afirmação, igualmente recente, de direitos fundamentais, ambas inseridas em textos constitucionais, provocou, entre os juristas positivistas, um desnecessário reboliço conceitual, uma preocupação dogmática que ficou limitada, porém, ao superficialismo dos termos e das expressões empregadas como denotativas da mesma realidade que pretendiam manifestar". (MAIA FILHO,

principiológico por natureza, permite liberdade interpretativa a ser definida diante do caso concreto, sendo os direitos fundamentais os vetores do processo decisório. Estariam, pois, os direitos humanos na centralidade do aparato interpretativo de todo o sistema jurídico, devendo este harmonizar-se com aqueles.

Há de se observar, nesta mesma esteira, que os direitos humanos também tiveram grande impacto nas relações internacionais e, por conseguinte, no instituto da extradição após a Segunda Guerra Mundial, com a evolução do Direito Internacional dos Direitos Humanos, no ímpeto dos Estados com a manutenção da paz social na comunidade internacional.

Para RAMOS, "a internacionalização dos direitos humanos consolidou a *interpretação universal* desses direitos, não mais aplicados ao sabor das idiossincrasias *nacionais*"[193]. Isso permitiu o estabelecimento do diálogo internacional sob as mesmas bases principiológicas, o que conduz, segundo o mesmo autor, "à existência de um padrão ético normativo, inclusive em relação às garantias processuais"[194].

Perceptível se torna, todavia, a tensão entre a proteção dos direitos humanos e a consecução da cooperação internacional imbuída na repressão dos delitos transnacionais e da criminalidade organizada, bem como a necessidade de estabelecer o equilíbrio entre elas, de acomodá-las[195]. Esse arranjo, na extradição, se revela

---

Napoleão Nunes. **Direitos humanos e utopias jurídicas: ensaio crítico-histórico sobre leis e instituições do estado de direito.** Fortaleza: Imprece, 2017. p. 175).

193. RAMOS, André de Carvalho. **Teoria geral dos direitos humanos na ordem internacional.** 6 ed. São Paulo: Saraiva, 2016. p. 29.

194. Idem. p. 58.

195. Este é o entendimento trazido por DUGARD, John e VAN DEN WYNGAERT, Christine: *"Inevitably, there is a tension between the claim for the inclusion of human rights in the extradition process and the demand for more effective international cooperation in the suppression of crime, which resembles the tension in many national legal systems between the 'law and order' and human rights approaches to criminal justice. As in domestics society, it is necessary to strike a balance between the two so as to establish a system in which crime is suppressed and human rights are respected"*. Tradução livre: "Inevitavelmente, há uma tensão entre a reivindicação da inclusão

entre a garantia das liberdades individuais e o anseio social pela repressão à criminalidade.

Partindo dessas premissas, é indiscutível que a Lei de Migração e, notadamente, a prisão cautelar para fins de extradição devem guardar coerência com o suporte valorativo constante do texto constitucional e exigido pela sociedade globalizada. Pontos relevantes, como a prisão como medida excepcional – e baseada em elementos concretos de sua imprescindibilidade – e a necessidade de fundamentar as decisões por prisão, contemporizados, com a garantia da justiça social e a efetividade da cooperação internacional na repressão criminal devem receber a reflexão do Supremo Tribunal Federal, quando da análise de determinado processo extradicional.

Nesse diapasão, denotam-se os direitos humanos como centro da interpretação dos institutos de cooperação internacional em matéria penal, incluindo entre eles a extradição. Assim, como paradigma de interpretação, a dignidade humana deve materializar os limites à aplicação das medidas cautelares e, como tal, à prisão cautelar para fins de extradição.

3.5. A PRISÃO PREVENTIVA PARA FINS DE EXTRADIÇÃO E A PROTEÇÃO DA INFÂNCIA

Consoante explicitamente resguardado pela Declaração Universal dos Direitos Humanos, as crianças[196], por suas vulnerabili-

---

dos direitos humanos no processo de extradição e a demanda por uma cooperação internacional mais eficaz na supressão do crime, que se assemelha à tensão em muitos sistemas jurídicos nacionais entre a "lei e a ordem" e abordagens de direitos humanos à justiça criminal. Tal como na sociedade doméstica, é necessário encontrar um equilíbrio entre os dois, de modo a estabelecer um sistema no qual o crime seja suprimido e os direitos humanos sejam respeitados". (DUGARD, John; e VAN DEN WYNGAERT, Christine. ***Reconciling Extradition with Human Rights***. *The American Journal of International Law*, vol. 92, no. 2, 1998, pp. 187–212. *JSTOR*. Disponível em: <www.jstor.org/stable/2998029>. Acesso em 18 nov. 2018).

196. A Convenção Sobre os Direitos da Criança, em seu artigo 1, ressalta que "considera-se como criança todo ser humano com menos de dezoito anos de idade, a não

dades física e mental, requerem cuidados especiais e encontram na família as raízes necessárias para seu crescimento, desenvolvimento e bem-estar. São, deste modo, objeto de notória atenção, no âmbito da cooperação internacional, por se tratarem de seres humanos em desenvolvimento que, por este motivo requerem prioridade e especial cuidado.

Para garantir esta proteção humanitária às crianças, a Convenção Sobre os Direitos da Criança[197], assegura a reunião familiar e preocupa-se com a consecução, em plenitude, dos direitos relativos aos infantes, notadamente quando existentes separações decorrentes de detenção, prisão, exílio, deportação[198] ou morte de um dos pais ou de ambos.

Em seu artigo 20, a referida Convenção assevera que "as crianças privadas temporária ou permanentemente do seu meio familiar, ou cujo interesse maior exija que não permaneçam nesse meio, terão direito à proteção e assistência especiais do Estado"[199]. Dentre estes cuidados, pode-se citar a inclusão em lares de adoção ou em instituições adequadas de proteção especializada, levando-se em consideração língua, religião, cultura, entre outros, a fim de assegurar uniformidade e continuidade em sua educação, além da

---

ser que, em conformidade com a lei aplicável à criança, a maioridade seja alcançada antes". (BRASIL. **Decreto nº 99.710/1990**. Disponível em: <http://www.planalto.gov.br/ccivil_03/decreto/1990-1994/d99710.htm>. Acesso em 02 ago. 2017).

197. BRASIL. **Decreto nº 99.710/1990**. Disponível em: <http://www.planalto.gov.br/ccivil_03/decreto/1990-1994/d99710.htm>. Acesso em 02 ago. 2017.

198. A Corte Interamericana de Direitos Humanos, em seu parecer consultivo nº 21, de 19 de agosto de 2014, deixa claro, falando de migrantes que não cumprem o ordenamento jurídico estatal, que o Estado, ao adotar as medidas correspondentes, "devem respeitar seus direitos humanos e garantir seu exercício e gozo a toda pessoa que se encontre sob sua jurisdição, sem nenhuma discriminação". (CORTE INTERAMERICANA DE DIREITOS HUMANOS. **Parecer consultivo nº 21, de 19 de agosto de 2014.** Disponível em: <http://www.corteidh.or.cr/docs/opiniones/seriea_21_por.pdf>. Acesso em 15 jul 2017. p. 15).

199. BRASIL. **Decreto nº 99.710/1990**. Disponível em: <http://www.planalto.gov.br/ccivil_03/decreto/1990-1994/d99710.htm>. Acesso em 02 ago. 2017.

formação de sua personalidade, tudo de modo a coroar a prevalência dos direitos humanos.

Há de se ressaltar, entretanto, que, para a Corte Interamericana de Direitos Humanos, em parecer consultivo sobre as crianças migrantes, "a família a que toda criança tem direito é, principalmente, a sua família biológica, incluindo os familiares mais próximos, à qual deve oferecer à criança proteção"[200]. Contudo, como visto, "a própria Convenção sobre os Direitos da Criança também contempla a possibilidade de separação familiar em razão da deportação de um ou de ambos os progenitores"[201].

Assim, resta patente que – a despeito da imaturidade do infante e da necessidade de assistência especial – se dentro das hipóteses legais, ou seja, respeitando-se o princípio da legalidade, não há embaraço para dissolução da unidade familiar – a princípio temporária –, devendo, todavia, o Estado prover formas alternativas de cuidado aos menores de idade. Indubitavelmente, a assistência consular, nesses casos, faz-se imprescindível para que haja integridade dos vínculos étnicos, culturais e morais que permeiam a educação e a formação daquela criança.

No que toca à extradição, o Supremo Tribunal Federal, em sua Súmula n° 421, dispõe que "não impede a extradição a circunstância de ser o extraditando casado com brasileira ou ter filho brasileiro"[202].

Desta forma, interpretando que tal texto foi acolhido pela Carta Constitucional de 1988, a Suprema Corte entende que – por

---

200. CORTE INTERAMERICANA DE DIREITOS HUMANOS. **Parecer consultivo n° 21, de 19 de agosto de 2014.** Disponível em: <http://www.corteidh.or.cr/docs/opiniones/seriea_21_por.pdf>. Acesso em 15 jul 2017. p. 100.

201. CORTE INTERAMERICANA DE DIREITOS HUMANOS. **Parecer consultivo n° 21, de 19 de agosto de 2014.** Disponível em: <http://www.corteidh.or.cr/docs/opiniones/seriea_21_por.pdf>. Acesso em 15 jul 2017. p. 102.

202. BRASIL. SUPREMO TRIBUNAL FEDERAL. **Súmula n° 421**. Disponível em: <http://www.stf.jus.br/portal/jurisprudencia/menusumariosumulas.asp?sumula=2334>. Acesso em 24 dez 2018.

se tratar de cooperação internacional de repressão ao crime, ou seja, mais grave do que a figura da deportação – mesmo que a prisão e a entrega do foragido importem em segregação familiar, com possível prejuízo à assistência do menor de idade, não haverá, apenas por este motivo, óbice à extradição[203] (cf. Extradição nº 510, voto do Ministro Sepúlveda Pertence, Tribunal Pleno, julgamento em 06.06.1990, DJ de 03.08.1990).

Desse modo, quer seja a criança migrante ou brasileira, fato é que este requisito, *de per se*, não é causa impeditiva da entrega do criminoso ao Estado requerente, no instituto da extradição. O que há de se discutir, destarte, é a razoabilidade ou proporcionalidade da prisão cautelar do estrangeiro para esse fim, quando implicar separação do núcleo familiar e prejuízo à fruição integral dos direitos humanos das crianças porventura envolvidas.

Esta situação deverá ser analisada no caso concreto, com o sopesamento dos direitos fundamentais (aparentemente) conflitantes e, acertadamente por isso, a Lei de Migração prevê a possibilidade de prisão domiciliar ou aplicação de medidas cautelares diversas (cf. artigo 86 da Lei n° 13.445/2017). Isso porque o artigo 227 da Constituição Federal assegura à criança, ao adolescente e ao jovem, "com absoluta prioridade", dentre outros, o direito à convivência familiar.

Esta preocupação é também objeto da Lei n° 13.257/2016, conhecida como Estatuto da Primeira Infância, que alterou o artigo 318 do Código de Processo Penal, normatizando tratamento cautelar distinto à mulher com filhos de até 12 (doze) anos incompletos, à gestante ou ao pai – quando único responsável pelos cuidados do filho – com a substituição da prisão preventiva pela domiciliar[204].

---

203. Observe-se que tal tratamento também é dispensado no âmbito interno pelo Direito Penal, uma vez que a existência de família não impede a prisão de pai ou mãe, mesmo que importe em segregação familiar e prejuízo aos cuidados do menor de idade.

204. BRASIL. **Lei n° 13.257/2016.** Disponível em: <http://www.planalto.gov.br/ccivil_03/_ato2015-2018/2016/lei/l13257.htm>. Acesso em 17 nov. 2018.

O STF tem entendido, entretanto, que a prisão cautelar, repita-se, continua sendo condição de procedibilidade para análise do pedido de extradição. Apenas em situações excepcionais, diante da necessidade apresentada, pode-se decidir de maneira diversa, utilizando-se de razoabilidade e proporcionalidade e primando pela garantia dos direitos humanos.

Isso não quer dizer que extradições não serão frustradas e impasses diplomáticos não serão enfrentados em razão de "nova" fuga empreendida pelo extraditando. Porém, considerando que a pena não pode ultrapassar a pessoa do delinquente, seria desumano infligir a perda de referências a uma criança, quando da prisão preventiva de seus genitores para extradição.

Foi exatamente neste sentido que decidiu, em 30 de dezembro de 2015, o Ministro Ricardo Lewandowski, então presidente do STF, nas Extradições n° 1.424[205] e 1.425[206], com fundamento na Constituição Federal, no Código de Processo Penal e no Estatuto da Criança e do Adolescente, ao garantir à mãe de dois menores estrangeiros – cujo pai também estava preso cautelarmente para fins de extradição – a liberdade provisória com monitoramento eletrônico e retenção de passaporte, visto que "a prisão *ex lege* para fins de extradição também se submete aos princípios da necessidade, razoabilidade e proporcionalidade, devendo ser avaliada, caso a caso, a necessidade de sua imposição"[207].

---

205. BRASIL. SUPREMO TRIBUNAL FEDERAL. **Extradição n° 1.424/DF**. Relator Ministro Dias Toffoli, Segunda Turma. Disponível em: <http://www.stf.jus.br/portal/processo/verProcessoAndamento.asp?incidente=4884698>. Acesso em 31 jul 2017.

206. BRASIL. SUPREMO TRIBUNAL FEDERAL. **Extradição n° 1.425/DF**. Relator Ministro Dias Toffoli, Segunda Turma. Disponível em: <http://www.stf.jus.br/portal/processo/verProcessoAndamento.asp?incidente=4885586>. Acesso em 03 ago 2017.

207. BRASIL. SUPREMO TRIBUNAL FEDERAL. **Extradição n° 1.425/DF.** Relator Ministro Dias Toffoli, Segunda Turma. Disponível em: <http://stf.jus.br/portal/diarioJustica/verDiarioProcesso.asp?numDj=10&dataPublicacaoDj=01/02/2016&incidente=4885586&codCapitulo=6&numMateria=1&codMateria=2> Acesso em 16 set 2018.

Irrefragável que as peculiaridades do caso concreto devem ser analisadas. Especificamente no que concerne à extradição, restou demonstrada a manutenção da interpretação do Supremo Tribunal Federal sobre a imprescindibilidade da prisão cautelar para garantia da cooperação internacional, ou seja, a prisão preventiva para extradição como condição objetiva de procedibilidade do processo extradicional. O acerto desta decisão é o que se pretende verificar.

3.6. O GARANTISMO PENAL COMPATIBILIZADO COM A COOPERAÇÃO EMPREENDIDA POR MEIO DA EXTRADIÇÃO

Inicialmente, deve-se compreender o garantismo como um modelo lapidado pelo princípio da legalidade, que visa maximizar as liberdades ao passo que limita a ação do Estado em seu *ius puniendi* e idealiza[208] a harmonia entre justiça, segurança e eficiência. Neste sentido, FERRAJOLI[209] explica que

> Está claro que o direito penal mínimo, quer dizer, condicionado e limitado ao máximo, corresponde não apenas ao grau máximo de tutela das liberdades dos cidadãos frente ao arbítrio punitivo, mas também a um ideal de racionalidade e de certeza.

Apesar de já circunstanciada a acepção que interessa a este estudo, impende destacar que o autor apresenta três significados de garantismo. O primeiro, abordado acima, designa um modelo

---

208. FERRAJOLI, ao descrever a teoria do garantismo penal destaca que tal modelo possui "o defeito fundamental de corresponder a um modelo limite, amplamente idealista, porque de fato nunca foi realizado nem nunca será realizável". (FERRAJOLI, Luigi. **Direito e razão: teoria do garantismo penal.** Traduzido por Ana Paula Zomer, Fauzi Hassan Choukr, Juarez Tavares e Luiz Flávio Gomes. São Paulo: Editora Revista dos Tribunais, 2002. p. 33).

209. FERRAJOLI, Luigi. **Direito e razão: teoria do garantismo penal.** Traduzido por Ana Paula Zomer, Fauzi Hassan Choukr, Juarez Tavares e Luiz Flávio Gomes. São Paulo: Editora Revista dos Tribunais, 2002. p. 83.

normativo de direito, que se reveste de estrita legalidade, limitativo do poder punitivo do Estado em prol dos direitos dos cidadãos. O segundo se vincula à teoria jurídica da "validade" e da "efetividade" como categorias diferentes entre si, mas também pela "existência" ou "vigor" das normas; o que existe como válido e efetivo no direito, em dissociação entre o "normativo" e o "realista"[210].

Por derradeiro, apresenta o garantismo como filosofia política que "pressupõe a doutrina laica da separação entre direito e moral, entre validade e justiça, entre ponto de vista interno e ponto de vista externo na valoração do ordenamento, ou mesmo entre o "ser" e o "dever ser do direito"[211].

De bom alvitre, neste momento, conduzir a escrita por um passeio histórico, para enfim traçar um paralelo entre o garantismo e o combate à criminalidade ansiado pela comunidade internacional por meio da extradição.

Na evolução da vida em coletividade, passou-se da vingança privada à punição estatal, admitindo, em primeiro momento, penas degradantes, cruéis e desumanas, além da tortura[212] como instrumento para garantir a confissão e, esta, como suficiente para justificar a responsabilidade criminal do indivíduo.

A sociedade enfrentou a estrutura inquisitorial, contaminada por religião e política e, nesta fase em que direito e moral se confundiam, percebem-se os abusos do Estado e o recrudescimento da persecução penal contra aqueles que discordavam dos valores reinantes.

---

210. FERRAJOLI, Luigi. **Direito e razão: teoria do garantismo penal.** Traduzido por Ana Paula Zomer, Fauzi Hassan Choukr, Juarez Tavares e Luiz Flávio Gomes. São Paulo: Editora Revista dos Tribunais, 2002. p. 684.

211. Idem. p. 685.

212. BECCARIA reforça a crítica a esta praxe, ao declarar a tortura como "um meio certo de condenar o inocente débil e de absolver o criminoso forte". Consistiria em uma forma cristalina de perpetuar a injustiça sob o argumento de promover a justiça. (BECCARIA, Cesare. **Dos delitos e das penas.** São Paulo: Martin Claret, 2000. p. 37).

Em momento posterior, o sistema inquisitorial dá lugar ao modelo iluminista, versado na estrita legalidade, no contraditório, na presunção de inocência, na humanização da pena, entre outras garantias do processo penal que muito influenciaram o pensamento garantista e se veem desenhadas nos sistemas jurídicos da atualidade.

Com a Escola Positiva se percebe "a orientação do direito penal e do processo penal para a defesa da sociedade contra os criminosos"[213]. Assim, com a aspiração de restabelecer as expectativas sociais frustradas com o crime, em alguns períodos da história retrocedeu-se sob o argumento de caucionar a defesa da sociedade, enquanto em outros se avançou nas garantias que resultaram nos postulados axiológicos do garantismo. Estes seriam as "regras do jogo fundamental do direito penal",

> elaborados, sobretudo, pelo pensamento jusnaturalista dos séculos XVII e XVIII, que os concebera como princípios políticos, morais ou naturais de limitação do poder penal "absoluto". Já foram posteriormente incorporados, mais ou menos íntegra e rigorosamente, às constituições e codificações dos ordenamentos desenvolvidos, convertendo-se, assim, em princípios jurídicos do moderno Estado de direito[214].

Neste modelo em que se maximizam as proteções, pretende-se potencializar também os resultados, minimizando a violência. Nesta linha de ideias, algumas premissas são fundamentais, a saber: o criminoso é também sujeito de direitos; o Estado possui amarras e limites em seu direito de punir, a fim de alcançar a responsabilização penal com a aplicação de pena justa e; o direito penal representa custo não só ao criminoso, mas a toda sociedade[215].

---

213. GOMES FILHO, Magalhães. **Direito à prova no processo penal.** São Paulo: Editora Revista dos Tribunais, 1997. p. 33.

214. FERRAJOLI, Luigi. **Direito e razão: teoria do garantismo penal.** Traduzido por Ana Paula Zomer, Fauzi Hassan Choukr, Juarez Tavares e Luiz Flávio Gomes. São Paulo: Editora Revista dos Tribunais, 2002. p. 75.

215. Idem. p. 168.

Com efeito, concebe-se o crime como desvio comportamental violador de bem jurídico socialmente relevante. Desta forma, a sua ocorrência gera na coletividade a inquietude de ver os fatos apurados e o criminoso punido para o restabelecimento da paz social.

De fato, quando o criminoso tenta subtrair-se de sua responsabilização e logra êxito, incute no corpo social o sentimento de impunidade, gerando instabilidade no lugar de segurança. Claro que aqueles que se furtam à persecução penal fazem parte da "cifra de ineficiência" decorrente da "falibilidade de cada sistema penal". Contudo, como fundamento filosófico do garantismo há de se perquirir se, por que, quando e como punir, para não expandir a "cifra da injustiça", na qual se pode incluir o encarceramento preventivo desproporcional e desarrazoado[216].

Indissociáveis aqui a preocupação com a eficiência e instrumentalidade do processo penal ao lado da justiça, da legitimidade e proporcionalidade do agir do Estado em seu poder punitivo. ÁVILA corrobora esta ideia de equilíbrio entre a garantia e a funcionalidade, ao assinalar que

> a introdução da proporcionalidade na instrumentalidade do processo penal acarreta-lhe um caráter dúplice, de proibição de insuficiência e de excesso, expressos na viabilização das duas finalidades básicas do direito penal: garantir o indivíduo contra o arbítrio punitivo do Estado e garantir a sociedade mediante a aplicação do direito penal ao caso concreto (instrumentalização da função de proteção dos bens jurídicos)[217].

Em última análise, a potencialização das proteções das liberdades deve estar harmonizada com a efetividade do processo, que

216. FERRAJOLI, Luigi. **Direito e razão: teoria do garantismo penal.** Traduzido por Ana Paula Zomer, Fauzi Hassan Choukr, Juarez Tavares e Luiz Flávio Gomes. São Paulo: Editora Revista dos Tribunais, 2002. p. 168.

217. ÁVILA, Thiago André Pierobom de. **Provas ilícitas e proporcionalidade.** Rio de Janeiro: Editora Lumen Juris, 2007. p. 120.

não pode ser esvaziado de sentido e nem ser permissivo em violações ao fundamento hermenêutico da dignidade da pessoa humana.

Assim, a fim de proporcionar o controle da "cifra da ineficiência" no mundo que se entrelaçou e viabilizou a mobilidade dinâmica de pessoas, bens e capitais, no qual a criminalidade não respeita as fronteiras políticas e os limites territoriais impostos à soberania estatal, é premente a aproximação solidária entre os Estados para cooperar entre si no combate ao crime e à impunidade, para garantir a efetividade da persecução criminal.

De outro lado, para minimizar a "cifra da injustiça", o garantismo deve permear a produção de prova inclusive na cooperação jurídica internacional e nortear, por meio do princípio da proporcionalidade, as constrições de direito, especialmente aquelas que tocam à restrição de liberdade quando diante de prisão instrumental, cautelar que, por isso, sugere excepcionalidade e fundamentação no caso concreto.

O princípio da proporcionalidade aqui se reveste do sentido de "equilibrar a exigência de garantia do indivíduo contra o sistema repressivo estatal e a necessidade para a segurança social"[218]. Percebe-se, deste modo, como demonstrado em tópico próprio, que a prisão cautelar para extradição não consiste em prisão-pena, nem em antecipação desta.

A cautelaridade então, mesmo que recorrente, deve ser demonstrada e fundamentada a decisão que deferir a medida, sob pena de desequilibrar a balança idealizada por FERRAJOLI. Frise-se que não se está defendendo que a prisão cautelar para extradição não deve prosperar como medida instrumental a garantir a entrega daqueles que efetivamente estão em fuga, a se furtar de sua responsabilização penal e, por isso, expressam de forma hialina o perigo da manutenção de sua liberdade.

---

218. PENTEADO, Jaques de Camargo (Org). **Justiça penal 3. Críticas e sugestões. O crime organizado (Itália e Brasil). A modernização da lei penal.** São Paulo: Editora Revista dos Tribunais, 1995. p. 31.

Argumenta-se, de outro modo, que a prisão não seja concebida como condição sem a qual o processo de extradição não tem prosseguimento, de forma a exigir o encarceramento em situações sabidamente desarrazoadas e concretamente desproporcionais. Veja-se que exatamente por isso, a Lei nº 13.445/2017 franqueia a possibilidade, mesmo que costumeiramente teórica, de concessão de liberdade provisória, medidas cautelares diversas, prisão albergue ou domiciliar (cf. artigo 86).

Isso não significa, em outra perspectiva que, obrigatoriamente, a concessão de medidas diversas da prisão preventiva frustrará a cooperação, com o desequilíbrio no sentido do esvaziamento da extradição e, em última análise, da própria persecução penal. O que se defende é contemporizar a privação de liberdade com os postulados do garantismo penal. Esta possibilidade teórica é o que se pretende demonstrar a partir da análise de casos concretos julgados pelo Supremo Tribunal Federal.

3.7. ANÁLISE DOS CASOS CONCRETOS EM MATÉRIA DE EXTRADIÇÃO

3.7.1. *Estatísticas*

Apresentado o marco teórico, é chegado o momento de analisar a quantitativa dos processos de extradição no Brasil, com o recorte temporal do ano de 2015 até maio de 2018, observando-se o panorama de pedidos de extradição em toda a comunidade internacional, a partir dos dados estatísticos armazenados pela autoridade central brasileira (DRCI/SENAJUS/MJSP) e pelo Escritório Central Nacional da INTERPOL no Brasil. Isso permitirá leitura das relações internacionais estabelecidas pelo Estado brasileiro, especificamente no tema que é objeto desta abordagem.

Após esse exame, a pesquisa ficará circunscrita aos pedidos de extradição passiva, ocasião em que se fará necessária análise qualitativa dos processos de extradição, julgados pelo Supremo Tribunal Federal, nos quais houve a conversão da prisão cautelar para fins de extradição em medida restritiva diversa. Este estudo garantirá que se construa um raciocínio crítico acerca da interpretação constitucional da prisão como condição de procedibilidade do processo extraditório.

A escolha do recorte temporal permite identificar o posicionamento do STF no julgamento dos processos de extradição passiva ainda sob a égide do Estatuto do Estrangeiro – em período anterior à permissão para encaminhamento do pedido de prisão para fins de extradição ao Supremo Tribunal Federal, diretamente pela Polícia Federal, por seu Escritório Central Nacional da Organização Internacional de Polícia Criminal – INTERPOL (Portaria MJ nº 522, de 3 de maio de 2016) –, bem como possíveis mudanças interpretativas decorrentes da transição dogmática, desde a promulgação da Lei nº 13.445/2017, até sua entrada em vigor.

Os dados estatísticos pesquisados, compilados do Supremo Tribunal Federal para o período temporal já mencionado, são os seguintes[219]:

Identificadas estas premissas, verifica-se, consoante indicadores do DRCI[220] que, em 2016, houve 63 pedidos novos de extradição

219. Fonte: BRASIL. SUPREMO TRIBUNAL FEDERAL. **Pesquisa por classe.** Disponível em: <http://portal.stf.jus.br/textos/verTexto.asp?servico=estatistica&pagina=pesquisaClasse>. Acesso em 05 jan. 2019. Observe-se que no gráfico constam os dados de todo o ano de 2018.

220. Fonte: Indicadores CETPC/DRCI/SENAJUS – 2016 e 2017 (Anexo). Estes dados foram encaminhados pela Coordenação de Extradição e Transferência de Pessoas Condenadas – CETPC, por e-mail, após provocação e pedido de informações. Dados

passiva e 86 de extradição ativa. Destes últimos, 21 foram formulados para a Argentina, 13 para o Paraguai, 7 para os Estados Unidos, 5 para a Bolívia, 4 para o Uruguai, 4 para a Itália, 3 para a Venezuela, 3 para a Colômbia, 3 para a Bélgica, 3 para a Espanha e outros 20 para países diversos.

No movimento oposto, o Brasil recebeu 12 pedidos de Portugal, 11 da Argentina, 7 da Espanha, 4 do Uruguai, 4 do Chile, 3 da Itália, 3 da França, 3 do Paraguai, 2 da Suíça, 2 da Bósnia e Herzegovina e 12 de outros países.

Já em 2017, foram 111 novos pedidos de extradição ativa e 50 de extradição passiva. Dos novos pedidos ativos, 17 foram dirigidos à Argentina, 20 ao Paraguai, 16 ao Uruguai, 11 à Espanha, 12 à Colômbia, 9 aos Estados Unidos, 5 à Itália, 2 ao Peru, 2 à Bolívia, 2 à Polônia, 2 ao Japão e os outros 13 a países diversos. Dos novos pedidos passivos, 7 vieram da Espanha, 5 da Itália, 5 do Paraguai, 5 da Argentina, 4 de Portugal, 3 do Peru, 3 do Uruguai e 2 da Dinamarca.

Os dados quantitativos, todavia, não nos permitem compreender apropriadamente o quadro das prisões preventivas para fins de extradição. Para tanto, é imperioso apresentar os dados registrados pelo Escritório Central Nacional da INTERPOL no Brasil, após o que será desenvolvida a análise qualitativa, a partir do conteúdo das Prisões Preventivas para Extradição (PPE) e Extradições dos anos de 2015 a 2018 (até 25.05.2018), que tiveram as prisões preventivas convertidas, após sua decretação, em medidas cautelares de natureza diversa.

Segundo a INTERPOL no Brasil[221], no ano de 2015 foram efetivadas 21 extradições passivas e 12 extradições ativas; em 2016,

---

estatísticos do DRCI estão disponíveis em <http://www.justica.gov.br/sua-protecao/cooperacao-internacional/estatisticas/indicadores-drci-2018-setembro-cooperacao-juridica-internacional.pdf>. Acesso em 07 dez. 2018.

221. Fonte: Despacho elaborado, aos 25.05.2018, pelo Delegado de Polícia Federal Bruno Eduardo Samezima, lotado na INTERPOL/CGCI/DIREX/PF, no bojo do processo SEI n° 08209.000096/2018-19.

foram 29 extradições passivas e 27 ativas; em 2017, 28 extradições passivas e 31 extradições ativas e, em 2018, até o mês de maio, 20 extradições passivas e 11 ativas. No que toca ao número de prisões preventivas para fins de extradição (passiva) requeridas pela INTERPOL no Brasil, foram 30 representações deferidas em 2015, 36 em 2016, 30 em 2017 e, 09 em 2018 (até o mês de maio).

Com relação às prisões cautelares convertidas, após sua decretação, em medidas cautelares de natureza diversa, ponto nodal para a reflexão que se pretende neste estudo, tem-se 05 casos em 2015[222], 12 casos em 2016[223], 02 em 2017[224] e apenas 01, até maio de 2018[225]. Frise-se que há registro de apenas um caso em que o pedido de prisão cautelar para fins de extradição foi, de plano, indeferido, ainda sob a égide do Estatuto do Estrangeiro, em 2015, na Extradição n° 1421, ocasião em que foi decretada, desde o início, a prisão domiciliar do extraditando.

Os estudos de caso limitar-se-ão aos processos em que a prisão preventiva para fins de extradição transmudou-se em medida cautelar pessoal diversa do encarceramento.

3.7.2. Casuísticas

3.7.2.1. *A Prisão Preventiva para Extradição n° 717*

O pedido de Prisão Preventiva para Extradição n° 717, formulado pelo governo da Argentina, foi autuado no dia 06 de junho de 2014 e distribuído à Ministra Rosa Weber, que decretou a prisão cautelar para fins de extradição no dia 10.06.2014, sob o fundamen-

---

222. PPEs 717, 760 e 763 e Extradições 1189 e 1311. Ressalte-se a existência ainda de um caso – o da Extradição 893 – em que o STF autorizou o cumprimento simultâneo da prisão cautelar para fins de extradição e da prisão decretada em razão de crime cometido no país, ambas em condições próprias ao regime semiaberto.

223. PPEs 780 e 806 e Extradições 1270, 1327, 1424, 1425,1426,1437, 1442, 1443, 1465 e 1481.

224. Extradições 1482 e 1492.

225. Extradição 1514.

to de que a prisão, "em processos de extradição, é necessária para prevenir a fuga, máxime no caso de acusado foragido no país de origem"[226]. A efetivação da medida constritiva ocorreu em 17.03.2015 e foi revogada em 10.04.2015.

Na visão da Ministra Rosa Weber, a prisão preventiva para extradição, então prevista no Estatuto do Estrangeiro, em sua fase judicial, era "condição de procedibilidade e decorrente lógico da própria análise da extradição"[227], a fim de reprimir possível frustração da entrega da extraditanda ao Estado requerente. De toda sorte, defendeu sua natureza "cautelar, instrumental, urgente e excepcional", contudo, o afastamento da segregação, segundo sua análise, somente se daria em casos excepcionais, vinculados a questões de saúde ou situação familiar, respeitados os princípios da razoabilidade e da proporcionalidade.

Há, deste modo, um pressuposto teórico e genérico da presença da cautelaridade, a partir da visão de que o extraditando está em fuga, em construção abstrata, que nem sempre se coaduna com a realidade, tudo no sentido de coibir a criminalidade transnacional e a disseminação do sentimento social de impunidade.

No caso sob análise, a extraditanda - acusada de participação em roubo qualificado pelo uso de arma imprópria - era genitora de uma criança, brasileiro nato, de dois anos de idade, com limitações de desenvolvimento, decorrentes da prematuridade, ainda sob aleitamento materno. A mãe, residente há mais de cinco anos no Brasil, possuía ocupação lícita. Nesse contexto, entendeu a Ministra relatora, após quase um mês de segregação, tratar-se de situação

---

226. BRASIL. SUPREMO TRIBUNAL FEDERAL. **Prisão Preventiva para Extradição n° 717,** Relatora Ministra Rosa Weber, Primeira Turma, julgamento de 10.06.2014, DJE nº 56, divulgado em 20/03/2015. Disponível em: <http://portal.stf.jus.br/processos/downloadPeca.asp?id=237424750&ext=.pdf>. Acesso em 13 out. 2018.

227. BRASIL. SUPREMO TRIBUNAL FEDERAL. **Prisão Preventiva para Extradição n° 717,** Relatora Ministra Rosa Weber, Primeira Turma, DJE nº 70, divulgado em 14/04/2015. Disponível em: <http://portal.stf.jus.br/processos/downloadPeca.asp?id=15329062166&ext=.pdf>. Acesso em 14 out. 2018.

excepcional a afastar a prisão preventiva, observando ainda que o risco de fuga poderia ser prevenido por medidas menos invasivas.

Apesar de asseverar que a prisão preventiva para extradição não se restringia aos pressupostos do artigo 312 do Código de Processo Penal, mencionou em sua decisão, o artigo 318 do mesmo diploma legal, que prevê a substituição da prisão preventiva pela domiciliar, quando o agente for maior de oitenta anos, debilitado por motivo de doença grave, imprescindível aos cuidados de menor de seis anos de idade ou pessoa com deficiência e gestantes a partir do sétimo mês de gravidez ou com gravidez de alto risco.

Entendeu a relatora que a extraditanda era imprescindível aos cuidados de seu filho, razão pela qual substituiu a prisão preventiva por prisão domiciliar, pois aquela conflitava com o princípio da prevalência dos direitos humanos.

Esta PPE foi apensada à Extradição n° 1403/DF, no bojo da qual, em 16.12.2016, a Ministra Rosa Weber substituiu a prisão domiciliar por medidas restritivas diversas, a saber, a entrega de passaporte; proibição de ausentar-se do estado da federação em que reside sem autorização; utilização de tornozeleiras eletrônicas; compromisso de comparecimento semanal em juízo para prestar contas de suas atividades e de atender a todo e qualquer chamamento judicial[228].

Ressalte-se que aos 25.10.2016, o julgamento da extradição foi adiado, no sentido de aguardar o julgamento do RE **n°** 608.898[229], no qual se discute a possibilidade de expulsão de cidadão estrangeiro,

---

228. BRASIL. SUPREMO TRIBUNAL FEDERAL. **Extradição n° 1403/DF,** Relatora Ministra Rosa Weber, Primeira Turma, DJE nº 17, divulgado em 31/01/2017. Disponível em: <http://portal.stf.jus.br/processos/downloadPeca.asp?id=311006067&ext=.pdf>. Acesso em 14 out. 2018.

229. O processo teve pedido de vista pelo Ministro Gilmar Mendes, que o devolveu para julgamento no dia 14.01.2019 (BRASIL. SUPREMO TRIBUNAL FEDERAL. **Recurso Extraordinário n° 608.898/DF.** Relator Ministro Marco Aurélio. Disponível em: <http://portal.stf.jus.br/processos/detalhe.asp?incidente=3838306>. Acesso em 17 mar. 2019).

com filho brasileiro, o que, em tese, poderia levar à revisão da Súmula n° 421 do STF, segundo a qual, a existência de filho menor brasileiro não é impeditivo para efetivação da extradição, instrumento este de repressão internacional a delitos comuns. A extradição foi então deferida aos 10.04.2018[230].

Ocorre que, pendente a assunção dos compromissos pelo Estado requerente (cf. artigo 96 da Lei n° 13.445/2017) para efetiva entrega da extraditanda, aos 08.11.2018, o Ministro da Justiça, por meio de petição, remeteu nota verbal em que a Argentina informa não mais possuir interesse na extradição, razão pela qual foi homologado monocraticamente pela Ministra Rosa Weber, o pedido de desistência deduzido[231].

3.7.2.2. A Prisão Preventiva para Extradição n° 760

O pedido de Prisão Preventiva para Extradição n° 760, formulado pelo Ministro da Justiça – após representação do Escritório Central Nacional da INTERPOL em Brasília, datada de 18.09.2015 –, foi autuado no dia 28 de setembro de 2015 e distribuído ao Ministro Edson Fachin, que decretou a prisão cautelar para fins de extradição no dia 29.09.2015, sob o fundamento de que a necessidade de prisão em processos de extradição é evidente e serve para prevenir a fuga, "em especial em razão de o condenado estar foragido no país de origem"[232]. A medida foi cumprida aos 05.10.2015.

---

230. BRASIL. SUPREMO TRIBUNAL FEDERAL. **Extradição n° 1403/DF, Inteiro teor do acórdão.** Relatora Ministra Rosa Weber, Primeira Turma, DJE 27/08/2018 - ATA Nº 119/2018. DJE nº 175, divulgado em 24/08/2018. Disponível em: <http://portal.stf.jus.br/processos/downloadPeca.asp?id=315098031&ext=.pdf>. Acesso em 14 out. 2018.

231. BRASIL. SUPREMO TRIBUNAL FEDERAL. **Extradição n° 1403. Decisão monocrática**. Relatora Ministra Rosa Weber. Primeira Turma, DJE nº 240, divulgado em 12/11/2018. Disponível em: <http://portal.stf.jus.br/processos/downloadPeca.asp?id=15339032336&ext=.pdf>. Acesso em 18 nov. 2018.

232. BRASIL. SUPREMO TRIBUNAL FEDERAL. **Prisão Preventiva para Extradição n° 760.** Relator Ministro Edson Fachin, Primeira Turma, DJE nº 201, divulgado em 06/10/2015. Disponível em: <http://portal.stf.jus.br/processos/downloadPeca.asp?id=307878562&ext=.pdf>. Acesso em 14 out. 2018.

O extraditando que, em tese, responde a crime financeiro na Venezuela, requereu a revogação de sua prisão preventiva, dentre outros, sob os argumentos de que possuía visto de trabalho no Brasil, crianças matriculadas em escola brasileira e não havia garantias de que teria julgamento justo, com respeito ao devido processo legal, se entregue ao Estado requerente, sabidamente envolvido em questões atentatórias às liberdades individuais e à própria existência da democracia.

O Ministro Fachin, aos 14.10.2015, enalteceu a prevalência do respeito aos direitos humanos, disposta no artigo 4°, inciso II, da Constituição Federal, afirmando que a "necessidade e importância da cooperação penal internacional cede, e deve sempre ceder, à necessária proteção dos direitos mais básicos da pessoa humana". A despeito dessa construção argumentativa, o Ministro entendeu "prematura" a alegação trazida pelo extraditando, "diante da natureza cautelar da decisão que decreta a prisão preventiva para fins extradicionais" e indeferiu a revogação da prisão preventiva então pleiteada[233].

Em sede de agravo regimental, a Primeira Turma, aos 10.11.2015, deu provimento ao recurso, convertendo a prisão preventiva em prisão domiciliar, com monitoramento por tornozeleira eletrônica, sendo esta medida compreendida como suficiente para a manutenção do êxito da possível entrega posterior, caso julgado procedente o pedido de extradição. Houve ainda determinação de acautelamento dos passaportes do extraditando na Polícia Federal até ulterior deliberação da Suprema Corte brasileira.

Em seu voto, o Ministro Edson Fachin reafirmou ser a prisão preventiva para extradição "pressuposto indispensável ao regular processamento do pedido", explicando que a lógica da prisão nestes processos difere daquela prevista no Código de Processo Penal,

233. BRASIL. SUPREMO TRIBUNAL FEDERAL. **Prisão Preventiva para Extradição n° 760.** Relator Ministro Edson Fachin, Primeira Turma, DJE nº 208, divulgado em 16/10/2015. Disponível em: <http://portal.stf.jus.br/processos/downloadPeca.asp?id=307940784&ext=.pdf>. Acesso em 15 out. 2018.

pois consiste em regra a tornar viável e eficaz a cooperação jurídica internacional em matéria penal e não medida excepcional.

A alegação de violação aos direitos humanos, segundo o relator, seria matéria de mérito do pedido de extradição, cabendo ao Estado requerente o direito de se contrapor a tais afirmações. Outrossim, as causas de liberdade provisória aceitas, à época, pela jurisprudência do STF estariam vinculadas "a situações pessoais" que tornariam "o cárcere algo insuportável", diante das condições específicas do extraditando, o que, no caso sob análise não correspondia à realidade. Por este motivo, entendeu pela manutenção da constrição de liberdade do extraditando.

Ao mesmo tempo, argumentou quase que paradoxalmente, acerca da possibilidade de monitoramento eletrônico, a qual conferiria, segundo seus próprios fundamentos, "segurança similar à prisão preventiva, para a finalidade de assegurar a entrega" do extraditando, caso formalizado e julgado procedente o pedido de extradição. Assim, ainda consoante a construção de seu voto, o Ministro Fachin defendeu que o caso em tela admitiria a mitigação da prisão preventiva pela restrição da liberdade de uma prisão domiciliar com monitoramento eletrônico[234], tudo no sentido de resguardar a interpretação literal do Estatuto do Estrangeiro então vigente e do regimento interno do Supremo Tribunal Federal.

Em verdade, construiu-se a tese da prevalência dos direitos humanos – e isso resta hialino com as discussões travadas após a leitura do voto do relator – por vislumbrar-se *ab initio* a possibilidade de se negar a extradição, considerada a notória situação do Estado requerente em conflito direto com a garantia da dignidade humana e de todo o aparato protetivo fundamental que envolve o indivíduo, o que indubitavelmente traduzia desproporção da restrição de li-

234. BRASIL. SUPREMO TRIBUNAL FEDERAL. **Agravo Regimental na Prisão Preventiva para Extradição nº 760/DF**. Primeira Turma. Relator Ministro Edson Fachin. DJE 23/06/2016 - ATA nº 97/2016. DJE nº 130, divulgado em 22/06/2016. Disponível em: <http://portal.stf.jus.br/processos/downloadPeca.asp?id=309785648&ext=.pdf>. Acesso em 21 out. 2018.

berdade em estabelecimento prisional brasileiro. Por este motivo, deu-se provimento ao agravo regimental interposto.

Aos 15.12.2015, foi submetida à Primeira Turma questão de ordem relativa à PPE n° 760, em razão de não ter havido a formalização de pedido de extradição pela Venezuela dentro do prazo previsto no tratado bilateral com o Brasil. Naquela ocasião foi determinada a revogação da prisão outrora decretada[235], tendo a decisão transitado em julgado aos 29.06.2016.

3.7.2.3. A Prisão Preventiva para Extradição n° 763

O pedido de Prisão Preventiva para Extradição n° 763, formulado pelo Ministro da Justiça – após representação do Escritório Central Nacional da INTERPOL no Brasil –, foi autuado no dia 06 de outubro de 2015 e distribuído ao Ministro Gilmar Mendes, que decretou a prisão cautelar para fins de extradição no dia 08.10.2015, observando a hermenêutica literal do Estatuto do Estrangeiro[236].

A extraditanda foi presa para fins de extradição em razão do cometimento de crime patrimonial, conforme requerido pela República Popular da China. Seu cônjuge também foi preso, com a mesma finalidade, no bojo da PPE n° 762. O casal possuía, à época, duas filhas menores com 6 e 3 anos de idade.

O Ministro Relator, aos 17.12.2015, entendeu pela excepcionalidade do caso apresentado e, com fulcro no artigo 318, inciso III,

---

235. BRASIL. SUPREMO TRIBUNAL FEDERAL. **Questão de Ordem na Prisão Preventiva para Extradição nº 760/DF**. Primeira Turma. Relator Ministro Edson Fachin. DJE 23/06/2016 - ATA nº 97/2016. DJE nº 130, divulgado em 22/06/2016. Disponível em: <http://portal.stf.jus.br/processos/downloadPeca.asp?id=309785904&ext=.pdf>. Acesso em 23 out. 2018.

236. BRASIL. SUPREMO TRIBUNAL FEDERAL. **Prisão Preventiva para Extradição nº 763/DF**. Segunda Turma. Relator Ministro Gilmar Mendes. DJE nº 254, divulgado em 16/12/2015. Disponível em: <http://portal.stf.jus.br/processos/downloadPeca.asp?id=307911600&ext=.pdf>. Acesso em 23 out. 2018.

do Código de Processo Penal, deferiu a prisão domiciliar à extraditanda, mediante monitoração eletrônica e depósito do passaporte[237].

Esta PPE foi apensada à Extradição nº 1428/DF, no bojo da qual, em 25.05.2016, determinou-se a retirada do equipamento de monitoração eletrônica, mediante compromisso de comparecimento mensal da extraditanda em Juízo para informar residência e proibição de se ausentar de sua cidade, aguardando, desta forma, o julgamento em liberdade. Isso se deveu ao fato de que, em precedente, aos 24.05.2016, a Segunda Turma do STF, ao iniciar julgamento de extradição semelhante a esta, deliberou pela conversão do julgamento em diligência.

Determinou, assim, o Ministro Gilmar Mendes, a expedição de ofícios, ao DRCI/SENAJUS/MJSP, para diligenciar, junto ao Estado requerente, sobre a conduta imputada à extraditanda e, ao Itamaraty, no sentido de confirmar se teria condições de acompanhar o compromisso do Estado requerente de não aplicar pena de morte ou pena privativa de liberdade superior a 10 anos[238].

Aos 07.05.2019, a Segunda Turma, por votação unânime, indeferiu a extradição com base "na possibilidade concreta de imposição da pena de prisão perpétua ou de morte, em flagrante contrariedade às proibições previstas na Constituição da República quanto a essas espécies de pena (art. 5º, XXXIX, XLVII precedente da EXT 633/ República Popular da China, Rel. Min. Celso de Mello, julgada em 28.8.1996)"; "na ausência de garantias quanto à possibilidade de fiscalização e monitoramento da comutação da pena por parte do Estado brasileiro"; "na imposição de pena de morte em caso semelhante,

237. BRASIL. SUPREMO TRIBUNAL FEDERAL. **Prisão Preventiva para Extradição nº 763/ DF. Decisão monocrática.** Segunda Turma. Relator Ministro Gilmar Mendes. DJE nº 10, divulgado em 20/01/2016. Disponível em: <http://portal.stf.jus.br/processos/downloadPeca.asp?id=308409233&ext=.pdf>. Acesso em 11 nov. 2018.

238. BRASIL. SUPREMO TRIBUNAL FEDERAL. **Prisão Preventiva para Extradição nº 763/ DF. Decisão monocrática.** Segunda Turma. Relator Ministro Gilmar Mendes. DJE nº 111, divulgado em 31/05/2016. Disponível em: <http://portal.stf.jus.br/processos/downloadPeca.asp?id=309588923&ext=.pdf>. Acesso em 11 nov. 2018.

relativo à genitora da extraditanda, conforme demonstrado nos autos"; "no artigo 3, item 1., i, do Tratado de Extradição firmado entre as partes, que impede a entrega quando a pena que possa ser imposta pela parte requerente à pessoa reclamada conflite com os princípios fundamentais do direito da parte requerida". As medidas cautelares anteriormente deferidas foram revogadas aos 29.05.2019[239].

3.7.2.4. A Extradição n° 893

A Prisão Preventiva para Extradição n° 452, foi autuada em 02.05.2003 e distribuída ao Ministro Gilmar Mendes que decidiu pela decretação da prisão preventiva para fins de extradição – medida cumprida aos 22.05.2003[240]. Na sequência, a PPE foi apensada à Extradição n° 893.

O Pleno do STF decidiu, aos 17.12.2004, por unanimidade, conceder a extradição à Alemanha, que o requereu para responder a processo criminal (extradição instrutória) relacionado a crimes patrimoniais não violentos. A entrega do extraditando ao governo alemão, no entanto, ficou condicionada, em razão dos processos-crime aos quais respondia junto à justiça brasileira por homicídio qualificado, lavagem de dinheiro e uso de documento falso.

Após dez anos de cumprimento de pena em regime fechado, o extraditando, por não ter conseguido progredir de regime em razão da existência de prisão para fins de extradição, requereu a revogação desta ou sua substituição por uma das medidas cautelares previstas no artigo 319 do Código de Processo Penal. Alegou que não haveria pena remanescente a ser cumprida na Alemanha,

---

239. BRASIL. SUPREMO TRIBUNAL FEDERAL. **Extradição nº 1428**. Segunda Turma. Relator Ministro Gilmar Mendes. ATA Nº 11, de 07/05/2019. DJE nº 102, divulgado em 15/05/2019. Disponível em: <http://portal.stf.jus.br/processos/detalhe.asp?incidente=4886657>. Acesso em 19 ago. 2019.

240. BRASIL. SUPREMO TRIBUNAL FEDERAL. **Prisão Preventiva para Extradição n° 452**. Disponível em: <http://portal.stf.jus.br/processos/detalhe.asp?incidente=2118930>. Acesso em 11 nov. 2018.

quando fosse entregue, tendo em vista que suas penas, naquele país, não ultrapassariam os dez anos de reclusão.

Sustentou ainda, o extraditando, ser a prisão um elemento limitador de sua ressocialização e argumentou não haver perigo concreto de fuga e, com isso, de frustração de entrega ao Estado requerente[241].

Em seu voto, na questão de ordem suscitada, o Ministro Gilmar Mendes evidenciou a necessidade de se buscar critérios para, na medida do possível, compatibilizar a individualização da pena na execução penal com a extradição.

Consoante descreveu o relator, o STF poderá, no caso concreto, adaptar a prisão para fins de extradição ao regime de execução de pena e, afirmou que essa adaptação partiria "do que couber dos parâmetros da prisão preventiva - art. 312 do Código de Processo Penal –, para chegar-se a uma conclusão acerca da persistência da necessidade da prisão para extradição em regime mais rigoroso do que o da execução penal"[242].

Observe-se aqui que os parâmetros do artigo 312 do CPP são trazidos à realidade da extradição pelo Ministro Gilmar Mendes para tornar proporcional a medida constritiva de liberdade, tomando como balizas, a necessidade de se assegurar a entrega do extraditando e garantir a ordem pública e econômica.

Assim, por entender que a extradição poderia restar esvaziada em seu termo ou inexequível, o Supremo decidiu adaptar a prisão para extradição ao regime semiaberto no caso sob análise, flexibili-

241. BRASIL. SUPREMO TRIBUNAL FEDERAL. **Execução na Extradição n° 893 – República Federal da Alemanha.** Segunda Turma. Relator Ministro Gilmar Mendes. DJE nº 189, divulgado em 26/09/2014. Disponível em: <http://portal.stf.jus.br/processos/downloadPeca.asp?id=262853806&ext=.pdf>. Acesso em 13 nov. 2018.

242. BRASIL. SUPREMO TRIBUNAL FEDERAL. **Questão de Ordem na Extradição n° 893 – República Federal da Alemanha.** Segunda Turma. Relator Ministro Gilmar Mendes. DJE nº 90, divulgado em 14/05/2015. Disponível em: <http://portal.stf.jus.br/processos/downloadPeca.asp?id=306801396&ext=.pdf>. Acesso em 13 nov. 2018.

zando a literalidade do Estatuto do Estrangeiro[243]. Aos 06.04.2016, o Ministro Gilmar Mendes deferiu a adaptação das condições da prisão para extradição ao regime aberto de cumprimento de pena.[244] Como o processo de extradição já foi julgado no mérito, os autos retornaram ao arquivo aos 07.06.2016.

3.7.2.5. *A Extradição n° 1189*

A Extradição n° 1189, requerida pelo Governo de Portugal, foi autuada em 20.01.2010 e distribuída ao Ministro Joaquim Barbosa, substituído pelo Ministro Luís Roberto Barroso aos 26.06.2013. O extraditando respondia, no Estado requerente, aos crimes de rapto, homicídio qualificado e profanação de cadáver, tendo sido condenado, em 10.03.2011, a uma pena de vinte e cinco anos. Observe-se que, a condenação à revelia não constitui óbice à extradição.

Aos 21.07.2015 foi comunicado o cumprimento do mandado de prisão cautelar para fins de extradição e, aos 26.10.2015, o Ministro relator deferiu a transferência do preso a hospital, por necessidades de acompanhamento terapêutico em tempo integral, apresentadas pelo extraditando, após doença superveniente ao cárcere[245].

Na sequência, aos 25.11.2015, em decisão monocrática, entendeu – a despeito de considerar a prisão como condição de procedibilidade do processo de extradição – que a precariedade do estado de saúde do extraditando e a demora na tramitação do processo, sem que a esta tenha dado causa, seriam fundamentos bastantes para a aplicação de medidas diversas da prisão.

243. Idem.

244. BRASIL. SUPREMO TRIBUNAL FEDERAL. **Extradição n° 893 – República Federal da Alemanha. Decisão monocrática.** Segunda Turma. Relator Ministro Gilmar Mendes. DJE nº 67, divulgado em 11/04/2016. Disponível em: <http://portal.stf.jus.br/processos/downloadPeca.asp?id=309163022&ext=.pdf>. Acesso em 13 nov. 2018.

245. BRASIL. SUPREMO TRIBUNAL FEDERAL. **Extradição n° 1.189 – República Portuguesa. Despacho.** Relator Ministro Luís Roberto Barroso. Primeira Turma. DJE nº 217, divulgado em 28/10/2015. Disponível em: <http://portal.stf.jus.br/processos/downloadPeca.asp?id=308025020&ext=.pdf>. Acesso em 18 nov. 2018.

Decretou, destarte, prisão domiciliar ao extraditando, ressalvando e autorizando, desde logo, a eventual necessidade de locomoção para tratamento de saúde. Ademais, previu, desde que disponível, o uso de tornozeleira eletrônica, a fim de garantir a entrega ao Estado requerente, caso procedente o processo de extradição[246].

No julgamento, aos 16.02.2016, o STF deferiu o pedido de extradição, condicionando a entrega do extraditando a prévio resultado de exame médico oficial, bem como compromisso formal assumido pelo Estado requerente, no sentido de detrair da pena o período que permaneceu preso preventivamente no Brasil[247]. O exame foi realizado aos 08.02.2017 e seu resultado foi encaminhado ao Ministro da Justiça, a fim de subsidiar decisão política acerca da entrega autorizada pela Corte Constitucional brasileira[248]. Esta decisão deve levar em consideração as condições de saúde para avaliação da entrega[249].

3.7.2.6. A Extradição n° 1270

A Extradição n° 1270 foi autuada em 16.12.2011 e distribuída ao Ministro Marco Aurélio, que decretou a prisão cautelar para fins de extradição aos 19.12.2011, medida essa implementada aos 07.02.2013.

---

246. BRASIL. SUPREMO TRIBUNAL FEDERAL. **Extradição n° 1.189 – República Portuguesa. Decisão monocrática.** Relator Ministro Luís Roberto Barroso. Primeira Turma. DJE nº 243, divulgado em 01/12/2015. Disponível em: <http://portal.stf.jus.br/processos/downloadPeca.asp?id=308255871&ext=.pdf>. Acesso em 18 nov. 2018.

247. BRASIL. SUPREMO TRIBUNAL FEDERAL. **Extradição n° 1.189 – República Portuguesa. Inteiro Teor do Acórdão.** Relator Ministro Luís Roberto Barroso. Primeira Turma. DJE 02/03/2016- ATA nº 21/2016. DJE nº 39, divulgado em 01/03/2016. Disponível em: <http://portal.stf.jus.br/processos/downloadPeca.asp?id=308809858&ext=.pdf>. Acesso em 18 nov. 2018.

248. BRASIL. SUPREMO TRIBUNAL FEDERAL. **Extradição n° 1.189 – República Portuguesa. Decisão monocrática.** Relator Ministro Luís Roberto Barroso. Primeira Turma. DJE nº 65, divulgado em 05/04/2018. Disponível em: <http://portal.stf.jus.br/processos/downloadPeca.asp?id=314046277&ext=.pdf>. Acesso em 18 nov. 2018.

249. Até o mês de dezembro de 2018, o Ministério da Justiça ainda não havia se pronunciado sobre a possibilidade de entrega do extraditando.

O processo foi iniciado por interesse do Governo Argentino, que procurava o extraditando para responder pelos crimes de tortura, privação ilegal de liberdade e "desaparecimento de pessoas", supostamente cometidos na época da ditadura militar daquele país[250].

Aos 03.02.2014, o Ministro Marco Aurélio indeferiu o pedido de revogação da prisão preventiva pleiteado pelo extraditando, que sustentou encontrar-se acautelado há mais tempo do que o autorizado em lei; possuir idoneidade pessoal, residência fixa, família constituída e filho menor. Outrossim, argumentou tratar-se de pedido de extradição relativo a crimes já prescritos. O Ministro Marco Aurélio limitou-se a fundamentar que a restrição de liberdade se coadunava com a previsão legal[251].

O processo foi retirado de pauta, aos 20.08.2015, em razão da solicitação de pedido de refúgio pelo extraditando[252]. Aos 30 de março de 2016, o Ministro relator revogou a prisão preventiva, determinando a permanência do extraditando em residência a ser indicada, sob monitoramento eletrônico, bem como a entrega do passaporte à Polícia Federal. A Defensoria Pública da União, por sua vez, informou não possuir o extraditando passaporte, tendo entrado em território nacional fazendo uso de sua identidade civil.

Aos 30.08.2016, o Ministro Marco Aurélio determinou a suspensão do processo até a decisão final do Comitê Nacional de

---

250. BRASIL. SUPREMO TRIBUNAL FEDERAL. **Extradição n° 1270.** Relator Ministro Luís Roberto Barroso. Primeira Turma. Disponível em: <http://portal.stf.jus.br/processos/detalhe.asp?incidente=4184803>. Acesso em 18 nov. 2018.

251. BRASIL. SUPREMO TRIBUNAL FEDERAL. **Extradição n° 1270. Decisão monocrática.** Relator Ministro Luís Roberto Barroso. Primeira Turma. DJE nº 22, divulgado em 31/01/2014. Disponível em: <http://portal.stf.jus.br/processos/downloadPeca.asp?id=193515262&ext=.pdf>. Acesso em 20 nov. 2018.

252. BRASIL. SUPREMO TRIBUNAL FEDERAL. **Extradição n° 1270. Decisão monocrática.** Relator Ministro Luís Roberto Barroso. Primeira Turma. DJE nº 166, divulgado em 24/08/2015. Disponível em: <http://portal.stf.jus.br/processos/downloadPeca.asp?id=307528564&ext=.pdf>. Acesso em 20 nov. 2018.

Refugiados – CONARE a respeito da solicitação de refúgio, nos termos do artigo 34 da Lei nº 9.474/1997[253].

Observe-se que o CONARE indeferiu o pedido de refúgio, em reunião plenária, aos 26 de agosto de 2016. Por esta razão, o processo teve prosseguimento, mas foi novamente sobrestado, aos 16.11.2016, em decorrência de interposição de recurso administrativo contra a decisão que indeferiu o pleito de refúgio. Este recurso foi desprovido, razão pela qual o processo de extradição teve seguimento.

No julgamento do processo de extradição, em seu voto, o Ministro Marco Aurélio entendeu inexistirem nos autos dados que demonstrem razões políticas para o pedido de extradição. Assentiu pela incidência de prescrição dos ilícitos imputados ao extraditando no ordenamento brasileiro, entendendo pela inviabilidade da entrega do extraditando ao Governo requerente. O Ministro Alexandre de Moraes acompanhou o relator.

O Ministro Luís Roberto Barroso, acerca da dupla tipicidade, entendeu que os crimes em razão dos quais foi requerida a extradição encontram correspondência no ordenamento jurídico brasileiro com os crimes de homicídio, sequestro e lesão corporal – este último porque à época dos fatos não estava tipificado o crime de tortura. Ressaltou, ato contínuo, a prescrição dos crimes de homicídio e lesão corporal.

No que toca ao crime de sequestro, entretanto, por sua natureza permanente, entendeu não ser possível reconhecer a prescrição do delito, pois as vítimas ainda estavam desaparecidas, sem que houvessem sido declaradas presumidamente mortas. Após estas considerações, o Ministro Barroso – relator do acórdão – votou pelo deferimento do pedido de extradição, autorizando-se a entrega em relação ao crime de sequestro, mediante assunção dos compromissos

253. BRASIL. SUPREMO TRIBUNAL FEDERAL. **Extradição nº 1270. Decisão monocrática.** Relator Ministro Luís Roberto Barroso. Primeira Turma. DJE nº 188, divulgado em 02/09/2016. Disponível em: <http://portal.stf.jus.br/processos/downloadPeca.asp?id=310221942&ext=.pdf>. Acesso em 23 nov. 2018.

formais pelo Estado requerente de detrair o tempo em que o extraditando permaneceu preso no Brasil e não aplicação de pena de morte ou prisão perpétua, observando-se o prazo máximo de trinta anos de pena privativa de liberdade. Do mesmo modo votaram o Ministro Luiz Fux e a Ministra Rosa Weber, sendo, desta feita, deferida a extradição ora sob análise, no dia 17.10.2017[254].

Opostos embargos de declaração contra o acordão, foi o recurso rejeitado por unanimidade pela Primeira Turma, por não haver omissão ou contradição. Foram opostos novos embargos de declaração aos 14.11.2018, também rejeitados por unanimidade.

3.7.2.7. A Extradição n° 1311

A Prisão Preventiva para Extradição n° 672, de interesse do Governo Argentino, foi autuada aos 27.02.2012 e distribuída ao Ministro Marco Aurélio, que decretou a prisão preventiva para fins de extradição aos 08.10.2012. A medida foi cumprida aos 18 de janeiro de 2013.

O processo foi apensado à Extradição n° 1311, autuada em 11.04.2013, quando apresentado o pedido de extradição no Supremo Tribunal Federal. Ressalte-se que o Estado requerente formalizou o pedido em 19.02.2013, em razão de suposto cometimento do crime de falsidade ideológica.

Aos 19.05.2013, o Ministro relator entendeu que a prisão preventiva ocorreu em conformidade com a norma, quando instado a manifestar-se acerca dos argumentos da defesa, que arguia ser a prisão cautelar para fins de extradição medida excepcional, devendo, por este motivo, estar lastreada por elementos concretos

254. BRASIL. SUPREMO TRIBUNAL FEDERAL. **Extradição n° 1270. Inteiro Teor do Acórdão.** Relator Ministro Luís Roberto Barroso. Primeira Turma. DJE 23/02/2018- ATA nº 15/2018. DJE nº 35, divulgado em 22/02/2018. Disponível em: <http://portal.stf.jus.br/processos/downloadPeca.asp?id=313719082&ext=.pdf>. Acesso em 27 nov. 2018.

que a justificassem. Aduziu ainda o extraditando ser a Argentina Estado incompetente para processá-lo e julgá-lo, já que os fatos criminosos teriam ocorrido no Paraguai e comunicou a formalização de pedido de refúgio, sem, contudo, apresentar documentação comprobatória[255].

Em nova decisão monocrática, aos 08.02.2015 – ou seja, mais de dois anos após o cumprimento da medida restritiva de liberdade –, o Ministro Marco Aurélio determinou fosse o CONARE oficiado para informar acerca do resultado do pedido de refúgio e, o Estado requerente, instado a apresentar legislação sobre competência, prescrição do ilícito penal e suas causas interruptivas, a fim de subsidiar a manifestação da Procuradoria-Geral da República. Afastou, por "excesso de prazo" inexistente no Estatuto do Estrangeiro, a prisão preventiva, mediante entrega de passaporte à Polícia Federal, atendimento de requisições judiciais e adoção de "postura própria ao homem integrado à vida em sociedade"[256].

Em razão da solicitação de refúgio e pendência de decisão definitiva sobre o pleito, houve determinação de suspensão do processo por parte do Ministro Relator, aos 15.08.2016[257], à luz do artigo 34 da Lei nº 9.474/1997. O recurso administrativo interposto no processo de refúgio foi indeferido aos 30.03.2018, razão pela qual teve prosseguimento o processo de extradição.

---

255. BRASIL. SUPREMO TRIBUNAL FEDERAL. **Extradição n° 1311. Decisão monocrática.** Relator Ministro Marco Aurélio. Primeira Turma. DJE nº 101, divulgado em 28/05/2013. Disponível em: <http://portal.stf.jus.br/processos/downloadPeca.asp?id=142615361&ext=.pdf>. Acesso em 27 nov. 2018.

256. BRASIL. SUPREMO TRIBUNAL FEDERAL. **Extradição n° 1311. Decisão monocrática.** Relator Ministro Marco Aurélio. Primeira Turma. DJE nº 33, divulgado em 19/02/2015. Disponível em: <http://portal.stf.jus.br/processos/downloadPeca.asp?id=300072602&ext=.pdf>. Acesso em 28 nov. 2018.

257. BRASIL. SUPREMO TRIBUNAL FEDERAL. **Extradição n° 1311. Decisão monocrática.** Relator Ministro Marco Aurélio. Primeira Turma. DJE nº 180, divulgado em 24/08/2016. Disponível em: <http://portal.stf.jus.br/processos/downloadPeca.asp?id=310130196&ext=.pdf>. Acesso em 28 nov. 2018.

Aos 14.11.2018, o Ministro Marco Aurélio declarou extinto o processo, sem julgamento de mérito, pois a Embaixada argentina asseverou não mais persistir o interesse na extradição, em decorrência da extinção da punibilidade (superveniente) em favor do extraditando no Estado requerente[258].

3.7.2.8. A Prisão Preventiva para Extradição n° 780

A Prisão Preventiva para Extradição n° 780 foi autuada em 19.01.2016 e distribuída ao Ministro Teori Zavascki, que, aos 02.02.2016, decretou a prisão preventiva para extradição de um casal de foragidos acusado de haver sequestrado um menor de idade. Este processo foi apensado à Extradição n° 1453, autuada aos 08.04.2016. A juntada do mandado de prisão cumprido em face da foragida mulher (extraditanda) se deu aos 15.04.2016, sendo posteriormente substituída por medidas cautelares, por razões que não constam das peças processuais tornadas públicas no sítio do STF.

Aos 08.04.2016, ou seja, na data da autuação da Extradição e antes mesmo da juntada do mandado de prisão cumprido, o então Ministério da Justiça e Cidadania encaminhou Nota Verbal por meio da qual a Embaixada belga informou desinteresse no pedido de extradição, objetivando que os extraditandos retornassem à Bélgica a fim de participarem de seus julgamentos.

Por este motivo, aos 08.06.2016, o Ministro Teori Zavascki entendeu pela necessidade de extinção do feito, com a imediata colocação dos extraditandos em liberdade, já que um deles cumpria medida substitutiva da prisão e outro encontrava-se foragido[259]. Em

258. BRASIL. SUPREMO TRIBUNAL FEDERAL. **Extradição n° 1311. Decisão monocrática.** Relator Ministro Marco Aurélio. Primeira Turma. DJE nº 245, divulgado em 19/11/2018. Disponível em: <http://portal.stf.jus.br/processos/downloadPeca.asp?id=15339074709&ext=.pdf>. Acesso em 28 nov. 2018.

259. BRASIL. SUPREMO TRIBUNAL FEDERAL. **Extradição n° 1453. Despacho.** Relator Ministro Teori Zavascki. Segunda Turma. DJE nº 120, divulgado em 10/06/2016. Disponí-

01.08.2016, o processo de extradição ora sob análise foi declarado extinto, sendo ordenado seu arquivamento, bem como o da PPE nº 780[260].

3.7.2.9. *A Prisão Preventiva para Extradição nº 806*

A Prisão Preventiva para Extradição nº 806 foi autuada aos 08.09.2016 e distribuída ao Ministro Dias Toffoli, que decretou a prisão preventiva para extradição na mesma data. A medida foi cumprida aos 21.09.2016. Trata-se de pedido de extradição instrutória de nacional português, a quem é imputado o crime de peculato.

Aos 13.10.2016, o extraditando requereu a concessão de prisão domiciliar e de autorização para trabalhar, com fundamento no artigo 318, inciso II, do Código de Processo Penal, argumentando que seus filhos de 7 e 6 anos, à época, possuíam enfermidades que implicavam cuidados especiais e, por isso, era ele o responsável exclusivo pelo sustento familiar.

O Ministro Dias Toffoli, em 24.10.2016, asseverou ser a prisão preventiva condição de procedibilidade para o processo de extradição, destinando-se a garantir "a execução de eventual ordem de extradição", não comportando a liberdade provisória ou a prisão domiciliar, conforme dispunha o Estatuto do Estrangeiro, salvo em situações excepcionais já admitidas pela Corte Constitucional Brasileira, em claro exercício de mitigação das disposições normativas que regiam a matéria.

A despeito dessas premissas, o Ministro relator considerou a situação familiar do extraditando e afirmou não existir nos autos

---

vel em: <http://portal.stf.jus.br/processos/downloadPeca.asp?id=309702224&ext=.pdf>. Acesso em 28 nov. 2018.

260. BRASIL. SUPREMO TRIBUNAL FEDERAL. **Extradição nº 1453. Decisão monocrática.** Relator Ministro Teori Zavascki. Segunda Turma. DJE nº 161, divulgado em 02/08/2016. Disponível em: <http://portal.stf.jus.br/processos/downloadPeca.asp?id=310050111&ext=.pdf>. Acesso em 28 nov. 2018.

qualquer elemento concreto acerca do risco de fuga ou perigo da manutenção da liberdade, razões estas que traduziriam a existência de cautelaridade. Concluiu então pela revogação da prisão preventiva do extraditando, substituindo-a por medidas diversas da constrição de liberdade, como a proibição de ausentar-se do país, a entrega de passaporte, comparecimento periódico em juízo e recolhimento domiciliar noturno[261].

O processo foi apensado à Extradição n° 1474, autuada aos 03.11.2016.

No curso deste processo, a Defensoria Pública da União noticiou que o extraditando foi condenado em Portugal, pelos fatos que fundamentaram o pedido de extradição, à pena de um ano de prisão, sendo a execução da pena suspensa por um ano, mediante reparação do dano. Argumentou a defesa que a pena imposta, por ser diversa da prisão, não admitiria a medida da extradição e, alternativamente, no caso de não reparação dos danos causados, a partir da detração do tempo de prisão já cumprido no Brasil, não restaria qualquer sanção penal a ser cumprida no Estado requerente[262].

O Ministério da Justiça encaminhou ao STF a Nota Verbal nº 406, por meio da qual a Embaixada de Portugal comunicou não mais persistir o interesse do Estado Requerente na extradição. O Ministro relator, desta forma, homologou a desistência do pedido formulado aos 21.11.2017[263].

---

261. BRASIL. SUPREMO TRIBUNAL FEDERAL. **Prisão Preventiva para Extradição n° 806. Decisão monocrática.** Relator Ministro Dias Toffoli. DJE nº 230, divulgado em 26/10/2016. Disponível em: <http://portal.stf.jus.br/processos/downloadPeca.asp?id=310615198&ext=.pdf>. Acesso em 28 nov. 2018.

262. BRASIL. SUPREMO TRIBUNAL FEDERAL. **Extradição n° 1474. Despacho.** Relator Ministro Dias Toffoli. DJE nº 262, divulgado em 17/11/2017. Disponível em: <http://portal.stf.jus.br/processos/downloadPeca.asp?id=313305875&ext=.pdf>. Acesso em 02 dez. 2018.

263. BRASIL. SUPREMO TRIBUNAL FEDERAL. **Extradição n° 1474. Decisão monocrática.** Relator Ministro Dias Toffoli. DJE nº 266, divulgado em 23/11/2017. Disponível em: <http://portal.stf.jus.br/processos/downloadPeca.asp?id=313352082&ext=.pdf>. Acesso em 02 dez. 2018.

3.7.2.10. A Extradição n° 1327

A Extradição n° 1327 foi autuada aos 02.08.2013 e distribuída ao Ministro Dias Toffoli, que decretou a prisão preventiva para extradição no dia 07.08.2013. Esta medida foi cumprida aos 06.07.2015. O processo foi, aos 23.07.2015, redistribuído ao Ministro Marco Aurélio, prevento em razão de conexão com a Extradição nº 1.270.

Versa o processo sobre pedido de extradição instrutória formulado pela Argentina, para que o extraditando pudesse responder a suposto cometimento de crimes de sequestro contra múltiplas vítimas, algumas ainda desaparecidas, e tortura, durante regime militar vivido naquele país, quando o extraditando ocupava o cargo de Delegado da Polícia Federal Argentina.

A defesa requereu revogação da prisão preventiva, observando a desproporção da custódia, por tratar-se de estrangeiro com 64 (sessenta e quatro) anos, residente regular do país há mais de dez anos e consistir o pedido de extradição em resposta a crimes ocorridos há mais de trinta anos.

O Ministro Marco Aurélio argumentou encerrar, a prisão preventiva para extradição, condição de procedibilidade para o processo de extradição, destinando-se a assegurar sua execução, com a efetiva entrega do extraditando ao Estado requerente, o que não comportaria liberdade provisória ou prisão domiciliar, salvo em situações excepcionais.

No caso sob análise, aos 09.03.2016, o Ministro Marco Aurélio considerou que os fatos não se amoldariam ao princípio da dupla tipicidade, haja vista terem sido alcançados por anistia no Brasil, em conformidade com a Lei nº 6.683/1979 e, que a prescrição da pretensão punitiva poderia inviabilizar o deferimento da extradição. Por essas razões, afastou a medida constritiva de liberdade e determinou que o extraditando permanecesse em sua residência[264]

264. Em decisão monocrática, o Ministro Marco Aurélio esclareceu que o permanecer em sua residência não correspondia à prisão domiciliar, descrita nos artigos 317 e

sob monitoramento eletrônico e entrega do passaporte, "devendo atender aos chamamentos judiciais e adotar a postura que se aguarda do homem integrado à sociedade"[265].

Contra esta decisão, a Procuradoria-Geral da República interpôs agravo regimental, sob o fundamento de que se tratava de crimes de lesa-humanidade e, por isso, imprescritíveis. No julgamento pela Primeira Turma, aos 27.06.2017, negou-se provimento ao agravo regimental, por unanimidade.

Importante destacar o voto do Ministro Luiz Fux que, após ressalva de que não se tratava de julgamento de mérito da extradição, mas apenas do controle da legalidade da decisão que substituiu a prisão preventiva para extradição por medidas cautelares diversas, trouxe à superfície a Lei n° 13.445/2017, então recém sancionada. O Ministro destacou a substancial modificação trazida ao instituto da extradição, notadamente na previsão da prisão cautelar e sua obrigatoriedade.

Observou que a jurisprudência do Supremo Tribunal Federal era uníssona no sentido de inadmitir medida substitutiva à prisão cautelar para fins de extradição, salvo situações excepcionais, com fulcro no que previa o Estatuto do Estrangeiro. Pontuou, contudo, que a mensagem da Lei de Migração (Lei n° 13.445/2017) se fazia sentir no abrandamento da "imperatividade da prisão do extraditando durante todo o curso do processo", o que representava "a restrição dos casos de prisão cautelar" a partir da nova lei.

---

318 do Código de Processo Penal, mas, sim, ao recolhimento domiciliar, previsto no artigo 319, inciso V, do mesmo diploma legal, o que permitiria ao extraditando ausentar-se do domicílio durante o dia, em dias de trabalho. (BRASIL. SUPREMO TRIBUNAL FEDERAL. **Extradição n° 1327. Decisão monocrática.** Relator Ministro Marco Aurélio. DJE nº 23, divulgado em 07/02/2018. Disponível em: <http://portal.stf.jus.br/processos/downloadPeca.asp?id=313635492&ext=.pdf>. Acesso em 05 dez. 2018).

265. BRASIL. SUPREMO TRIBUNAL FEDERAL. **Extradição n° 1327. Decisão monocrática.** Relator Ministro Marco Aurélio. DJE nº 54, divulgado em 22/03/2016. Disponível em: <http://portal.stf.jus.br/processos/downloadPeca.asp?id=308969312&ext=.pdf>. Acesso em 05 dez. 2018.

Observou que, no caso concreto, havia dúvidas acerca de possível decisão de mérito procedente com relação ao pedido de extradição requerido. Assim, havendo elementos pessoais favoráveis, não havia porque manter a custódia do extraditando[266]. Resta pendente, todavia, a decisão de mérito sobre o pedido de extradição.

3.7.2.11. *A Extradição n° 1424*

A Extradição n° 1424 foi autuada aos 13.11.2015 e distribuída por prevenção ao Ministro Dias Toffoli, em razão da Prisão Preventiva para Extradição n° 766, no bojo da qual aos 10.12.2015, foi cumprido o mandado de prisão preventiva expedido pelo STF em desfavor do extraditando. Trata-se de extradição instrutória, requerida pela República Popular da China, para que o extraditando respondesse pelo cometimento de crimes de "absorção ilegal dos depósitos públicos".

Emblemático salientar que, aos 24 de maio de 2016, a Segunda Turma da Suprema Corte resolveu converter o julgamento da Extradição em diligência, sendo oficiado o Itamaraty, no sentido de informar se possuía condições de acompanhar o compromisso do Estado chinês de não aplicar pena de morte ou pena privativa de liberdade superior a 10 anos. Na oportunidade, pelos votos proferidos pelos Ministros Gilmar Mendes e Celso de Mello, foi determinada a imediata libertação do extraditando, sob compromisso de comparecimento mensal em Juízo para informar residência e proibição de se ausentar de sua cidade, bem como entrega de passaporte[267].

No dia 27 de junho de 2017, a Corte Constitucional brasileira decidiu, com fulcro na inteligência do artigo 34 da Lei nº 9.474/97,

---

266. BRASIL. SUPREMO TRIBUNAL FEDERAL. **Agravo Regimental na Extradição n° 1327.** Relator Ministro Marco Aurélio. Primeira Turma. DJE 01/09/2017- ATA nº 124/2017. DJE nº 197, divulgado em 31/08/2017. Disponível em: <http://portal.stf.jus.br/processos/downloadPeca.asp?id=312601430&ext=.pdf>. Acesso em 05 dez. 2018.

267. BRASIL. SUPREMO TRIBUNAL FEDERAL. **Extradição n° 1424. Decisão de julgamento.** Relator Ministro Dias Toffoli. Segunda Turma. Disponível em: <http://portal.stf.jus.br/processos/detalhe.asp?incidente=4884698>. Acesso em 05 dez 2018.

pelo sobrestamento do feito até decisão administrativa final da solicitação de refúgio do extraditando, para si e sua família.

Em 01 de agosto de 2018, o Ministério da Justiça informou ao Supremo Tribunal Federal que foi definitivamente indeferido o pedido de refúgio do extraditando, razão pela qual os autos foram encaminhados, para vista, ao gabinete do Ministro Gilmar Mendes[268].

3.7.2.12. A Extradição n° 1425

A Prisão Preventiva para Extradição n° 766 foi autuada aos 06.10.2015 e distribuída ao Ministro Dias Toffoli, que decretou duas prisões preventivas aos 07.10.2015. O processo versa sobre pedido de prisão preventiva para extradição instrutória, de interesse da República Popular da China, encaminhado ao Ministério da Justiça pelo Escritório Central Nacional da INTERPOL no Brasil.

O ECN/Brasília embasou sua representação em duas difusões vermelhas que descreviam crimes contra o sistema financeiro e contra a ordem tributária - uma contra a mulher e outra contra o homem (casal), ambos de nacionalidade chinesa[269].

O processo foi apensado à Extradição n° 1425, autuada em 16.11.2015, que passou a tratar apenas do pedido de extradição da nacional mulher, enquanto a extradição de seu marido foi tratada na Extradição n° 1424. O mandado de prisão preventiva para extradição foi cumprido pela Polícia Federal no dia 10.12.2015.

---

268. BRASIL. SUPREMO TRIBUNAL FEDERAL. **Extradição n° 1424. Despacho.** Relator Ministro Dias Toffoli. Segunda Turma. DJE nº 157, divulgado em 03/08/2018. Disponível em: <http://portal.stf.jus.br/processos/downloadPeca.asp?id=314917992&ext=.pdf>. Acesso em 05 dez. 2018.

269. BRASIL. SUPREMO TRIBUNAL FEDERAL. **Prisão Preventiva para Extradição n° 766. Decisão monocrática.** Relator Ministro Dias Toffoli. Segunda Turma. DJE nº 250, divulgado em 11/12/2015. Disponível em: <http://portal.stf.jus.br/processos/downloadPeca.asp?id=307898271&ext=.pdf>. Acesso em 05 dez. 2018.

Aos 30.12.2015, em decisão monocrática, o então Presidente do STF, Ministro Ricardo Lewandowski, ao analisar os pedidos de revogação das prisões preventivas do casal chinês (Extradições n° 1424 e 1425), com fundamento na Constituição Federal, no Código de Processo Penal e no Estatuto da Criança e do Adolescente, garantiu à mulher, por ser mãe de dois menores estrangeiros – cujo pai também estava preso cautelarmente para fins de extradição – a liberdade provisória com monitoramento eletrônico e retenção de passaporte. Aduziu em seus fundamentos, como já visto em tópico anterior, que "a prisão *ex lege* para fins de extradição também se submete aos princípios da necessidade, razoabilidade e proporcionalidade, devendo ser avaliada, caso a caso, a necessidade de sua imposição"[270].

A extraditanda, atualmente, deixou de usar a tornozeleira eletrônica e comparece em juízo mensalmente, não havendo notícias de descumprimento das medidas restritivas que lhe foram aplicadas. O processo está com o Ministro Gilmar Mendes, que pediu vista dos autos, não havendo previsão para julgamento de mérito.

3.7.2.13. A Extradição n° 1426

A Prisão Preventiva para Extradição n° 762 foi autuada em 06.10.2015 e distribuída ao Ministro Gilmar Mendes, que decretou, aos 08.10.2015, a prisão cautelar para fins de extradição requerida pela INTERPOL e apresentada ao Ministro da Justiça em face de cidadão chinês. Observe-se que o Ministro relator se restringiu à análise dos requisitos legais presentes no Estatuto do Estrangeiro (cf. artigo 82) para decretar a prisão em comento.

Consta dos autos que o extraditando teria contra si uma difusão vermelha expedida pela República Popular da China, com o

270. BRASIL. SUPREMO TRIBUNAL FEDERAL. **Extradição n° 1.425/DF.** Relator Ministro Dias Toffoli, Segunda Turma. Disponível em: <http://stf.jus.br/portal/diarioJustica/verDiarioProcesso.asp?numDj=10&dataPublicacaoDj=01/02/2016&incidente=4885586&codCapitulo=6&numMateria=1&codMateria=2> Acesso em 16 set. 2018.

objetivo de instruir processo criminal (extradição instrutória) por suposto cometimento de crime contra o sistema financeiro[271]. O processo que trata do pedido de prisão para extradição foi apensado à Extradição n° 1426, autuada aos 16.11.2015.

Aos 13.01.2016, o então Presidente do Tribunal, Ministro Ricardo Lewandowski, analisou pedido de conversão da prisão preventiva imposta ao extraditando em prisão domiciliar, nos moldes em que foi deferida à sua esposa (Extradição n° 1428). O extraditando argumentou que a medida se prestava para que pudesse trabalhar e, desta forma, sustentar e cuidar de seus filhos menores de idade, pois sua esposa estava em prisão domiciliar e sem recursos.

O Ministro ressaltou a jurisprudência já firmada pela Suprema Corte, no sentido de que a prisão preventiva para extradição é condição de procedibilidade do processo extradicional, admitindo raríssimas exceções, entre as quais não estava incluído o caso sob análise. Argumentou que a prisão domiciliar da esposa foi lastreada pela necessidade de cuidar de dois filhos menores e que a ausência de recursos para sustento familiar não estava demonstrada nos autos, razão pela qual indeferiu o pleito[272]. A decisão pela manutenção da prisão foi corroborada pelo Ministro Relator, Gilmar Mendes, aos 05.02.2016[273].

Aos 25.05.2016, o Ministro Gilmar Mendes decidiu – ao analisar julgamento semelhante em processo de Extradição de relatoria

---

271. BRASIL. SUPREMO TRIBUNAL FEDERAL. **Prisão Preventiva para Extradição n° 762. Decisão monocrática.** Relator Ministro Gilmar Mendes, Segunda Turma. DJE nº 254, divulgado em 16/12/2015. Disponível em: <http://portal.stf.jus.br/processos/downloadPeca.asp?id=307911599&ext=.pdf> Acesso em 07 dez. 2018.

272. BRASIL. SUPREMO TRIBUNAL FEDERAL. **Extradição n° 1.426. Decisão monocrática.** Relator Ministro Gilmar Mendes, Segunda Turma. DJE nº 10, divulgado em 20/01/2016. Disponível em: <http://portal.stf.jus.br/processos/downloadPeca.asp?id=308470376&ext=.pdf> Acesso em 05 dez. 2018.

273. BRASIL. SUPREMO TRIBUNAL FEDERAL. **Extradição n° 1.426. Despacho.** Relator Ministro Gilmar Mendes, Segunda Turma. DJE nº 25, divulgado em 11/02/2016. Disponível em: <http://portal.stf.jus.br/processos/downloadPeca.asp?id=308642617&ext=.pdf> Acesso em 05 dez. 2018.

do Ministro Dias Toffoli – por requisitar diligências junto ao Estado requerente, no que toca à "conduta imputada ao extraditando, acerca de eventual propósito inicial de apropriação dos recursos, bem como sobre o destino dado aos recursos captados" e oficiar ao Itamaraty, "para que diga se tem condições de acompanhar o compromisso de não aplicar pena de morte ou pena privativa de liberdade superior a 10 anos". Ato contínuo, determinou a expedição de alvará de soltura do extraditando, mediante compromisso de comparecimento mensal em Juízo, de proibição de se ausentar de sua cidade e de entrega de seu passaporte[274].

A Segunda Turma, aos 07.05.2019, decidiu por votação unânime, indeferir o processo de extradição, que estava concluso ao relator desde 30.06.2017. Os fundamentos da decisão foram a "possibilidade concreta de imposição da pena de prisão perpétua ou de morte, em flagrante contrariedade às proibições previstas na Constituição da República quanto a essas espécies de pena (art. 5º, XXXIX, XLVII precedente da EXT 633/República Popular da China, Rel. Min. Celso de Mello, julgada em 28.8.1996)"; a "ausência de garantias quanto à possibilidade de fiscalização e monitoramento da comutação da pena por parte do Estado brasileiro"; a "imposição de pena de morte em caso semelhante, relativo à sogra do extraditando, conforme demonstrado nos autos"; o "artigo 3, item 1., i, do Tratado de Extradição firmado entre as partes, que impede a entrega quando a pena que possa ser imposta pela parte requerente à pessoa reclamada conflite com os princípios fundamentais do direito da parte requerida"[275].

---

274. BRASIL. SUPREMO TRIBUNAL FEDERAL. **Extradição n° 1.426. Decisão monocrática.** Relator Ministro Gilmar Mendes, Segunda Turma. DJE nº 111, divulgado em 31/05/2016. Disponível em: <http://portal.stf.jus.br/processos/downloadPeca.asp?id=309588922&ext=.pdf> Acesso em 07 dez. 2018.

275. BRASIL. SUPREMO TRIBUNAL FEDERAL. **Extradição n° 1.426. Decisão de Julgamento.** Relator Ministro Gilmar Mendes, Segunda Turma. ATA Nº 11, de 07/05/2019. DJE nº 102, divulgado em 15/05/2019. Disponível em: <http://portal.stf.jus.br/processos/detalhe.asp?incidente=4885585>. Acesso em 19 ago. 2019.

3.7.2.14. A Extradição n° 1428

A Prisão Preventiva para Extradição n° 763 foi autuada aos 06.10.2015 e distribuída, por prevenção, ao Ministro Gilmar Mendes, que decretou, aos 08.10.2015, a prisão cautelar para extradição requerida pela INTERPOL e apresentada ao Ministro da Justiça em face de cidadã chinesa. Observe-se que o Ministro relator se restringiu à análise dos requisitos legais presentes no Estatuto do Estrangeiro (cf. artigo 82) para decretar a prisão em comento.

Consta dos autos que a extraditanda teria contra si uma difusão vermelha expedida pela República Popular da China, com o objetivo de instruir processo criminal (extradição instrutória) por suposto cometimento de crime contra o sistema financeiro[276].

Aos 17.12.2015, o Ministro relator, ao examinar pedido de revogação da prisão cautelar para fins de extradição, trouxe à baila o fato de ter determinado a prisão do marido da extraditanda no bojo da PPE n° 762 e possuir o casal duas filhas de 3 e 6 anos de idade. Aduziu ainda ser a prisão para fins de extradição a regra durante o processo, conforme jurisprudência do STF.

Considerou, entretanto, a situação peculiar e excepcional e, por razões humanitárias, deferiu a prisão domiciliar com monitoramento eletrônico da extraditanda, com fulcro no artigo 318, inciso III, do Código de Processo Penal e, entrega de seu passaporte[277]. O processo foi apensado à Extradição n° 1428, autuada aos 17.11.2015.

---

276. BRASIL. SUPREMO TRIBUNAL FEDERAL. **Prisão Preventiva para Extradição n° 763. Decisão monocrática.** Relator Ministro Gilmar Mendes, Segunda Turma. DJE nº 254, divulgado em 16/12/2015. Disponível em: <http://portal.stf.jus.br/processos/downloadPeca.asp?id=307911600&ext=.pdf> Acesso em 07 dez. 2018.

277. BRASIL. SUPREMO TRIBUNAL FEDERAL. **Prisão Preventiva para Extradição n° 763. Decisão monocrática.** Relator Ministro Gilmar Mendes, Segunda Turma. DJE nº 10, divulgado em 20/01/2016. Disponível em: <http://portal.stf.jus.br/processos/downloadPeca.asp?id=308409233&ext=.pdf> Acesso em 07 dez. 2018.

Aos 25.05.2016, o Ministro Gilmar Mendes – ao analisar julgamento semelhante em processo de Extradição de relatoria do Ministro Dias Toffoli – decidiu por requisitar diligências junto ao Estado requerente, no que toca à "conduta imputada à extraditanda, acerca de eventual propósito inicial de apropriação dos recursos, bem como sobre o destino dado aos recursos captados" e oficiar ao Itamaraty, "para que diga se tem condições de acompanhar o compromisso de não aplicar pena de morte ou pena privativa de liberdade superior a 10 anos".

Ato contínuo, determinou a retirada da tornozeleira eletrônica da extraditanda, sob compromisso de comparecimento mensal em Juízo para informar residência e proibição de se ausentar de sua cidade[278]. Este processo foi apensado à Extradição n° 1426, julgada improcedente aos 07.05.2019. As medidas cautelares anteriormente deferidas foram revogadas aos 29.05.2019, pelo Ministro Relator.

3.7.2.15. *A Extradição n° 1437*

A Prisão Preventiva para Extradição n° 772 foi autuada aos 23.11.2015 e distribuída ao Ministro Dias Toffoli, que decretou, aos 26.11.2015, a prisão cautelar para fins de extradição executória requerida pela INTERPOL, com base em difusão vermelha. Segundo informações constantes dos autos, o extraditando estaria sendo procurado pela Itália para cumprimento de sentença penal condenatória pelo cometimento dos crimes de sequestro e cárcere privado (em concurso de pessoa), extorsão, ameaça, dano, estelionato e apropriação indébita.

A prisão para extradição foi deferida sob o argumento de adequação aos requisitos legais (cf. artigo 82 do Estatuto do Estrangeiro) e presença das informações requeridas no Tratado de Extradição

278. BRASIL. SUPREMO TRIBUNAL FEDERAL. **Prisão para Extradição n° 772. Decisão monocrática.** Relator Ministro Dias Toffoli. DJE nº 244, divulgado em 02/12/2015. Disponível em: <http://portal.stf.jus.br/processos/downloadPeca.asp?id=308269613&ext=.pdf> Acesso em 07 dez. 2018.

entre Brasil e Itália (promulgado pelo Decreto nº 863, de 9 de julho de 2013)[279]. O mandado foi cumprido aos 30.11.2015. Este processo foi apensado à Extradição n° 1437, autuada aos 14.01.2016.

Em 13.04.2016, o Ministro Dias Toffoli indeferiu a revogação da prisão cautelar para extradição ou sua conversão por medidas menos gravosas, repisando o entendimento da Suprema Corte de que a prisão seria condição de procedibilidade do processo extraditório, que visa à efetiva entrega do extraditando ao Estado requerente[280].

Aos 09.09.2016, pouco mais de nove meses após a restrição de liberdade imposta ao extraditando, o Ministro Dias Toffoli entendeu como plausível a tese de prescrição da pretensão executória e, "não se vislumbrando nenhum elemento concreto que autorize a conclusão de que, colocado em liberdade, buscará se furtar à aplicação da lei penal", revogou a prisão preventiva do extraditando, substituindo-a por proibição de ausentar-se do país; entrega de passaporte; proibição de ausentar-se do Estado do Rio de Janeiro (em que residia), sem autorização; comparecimento pessoal e obrigatório, mensalmente, em juízo e, obrigação de comunicar eventual alteração de endereço[281].

O Ministro Dias Toffoli foi substituído na relatoria do processo pela Ministra Cármen Lúcia aos 13.09.2018. Conquanto resta pendente o julgamento da extradição, o juízo da 1ª Vara Federal de São Pedro da Aldeia vem periodicamente prestando informações

---

279. BRASIL. SUPREMO TRIBUNAL FEDERAL. **Extradição n° 1437. Decisão monocrática.** Relatora Atual Ministra Cármen Lúcia. DJE nº 111, divulgado em 31/05/2016. Disponível em: <http://portal.stf.jus.br/processos/downloadPeca.asp?id=309588923&ext=.pdf> Acesso em 07 dez. 2018.

280. BRASIL. SUPREMO TRIBUNAL FEDERAL. **Extradição nº 1437. Decisão monocrática**. Relatora Atual Ministra Cármen Lúcia. DJE nº 80, divulgado em 25/04/2016. Disponível em: <http://portal.stf.jus.br/processos/downloadPeca.asp?id=309286401&ext=.pdf >. Acesso em 09 dez. 2018.

281. BRASIL. SUPREMO TRIBUNAL FEDERAL. **Extradição nº 1437. Decisão monocrática**. Relatora Atual Ministra Cármen Lúcia. DJE nº 199, divulgado em 16/09/2016. Disponível em: <http://portal.stf.jus.br/processos/downloadPeca.asp?id=310277762&ext=.pdf>. Acesso em 24 dez. 2018.

acerca do cumprimento da medida cautelar de comparecimento em juízo imposta ao extraditando.

3.7.2.16. A Extradição n° 1442

A Prisão Preventiva para Extradição n° 769 foi autuada aos 20.11.2015 e distribuída ao Ministro Celso de Mello. O processo teve seu início com o acolhimento, por parte do Ministro da Justiça, de representação da INTERPOL no Brasil, que requereu a prisão cautelar para fins de extradição de nacional chinês, para responder a processo criminal (extradição instrutória) por crime contra o sistema financeiro na República Popular da China.

O Ministro relator, em 01.12.2015, em decisão monocrática, decretou a prisão cautelar sobredita, sob fundamento de que tal medida se revestiria de caráter instrumental garantidor da eficácia da extradição e que nenhum pedido de extradição teria andamento sem que o extraditando fosse preso e colocado à disposição do STF, nos termos do regimento daquela corte[282]. O mandado de prisão foi cumprido aos 10.12.2015.

Aos 18.02.2016, o Ministro Celso de Mello entendeu por indeferir o pedido de revogação da prisão cautelar para fins de extradição, manifestando-se pela indispensabilidade da constrição de liberdade para prosseguimento da ação de extradição passiva. Ato contínuo, determinou o apensamento da PPE nº 769 à Extradição n° 1442, também de sua relatoria[283].

---

282. BRASIL. SUPREMO TRIBUNAL FEDERAL. **Prisão Preventiva para Extradição n° 769. Decisão monocrática.** Relator Ministro Celso de Mello. DJE nº 252, divulgado em 15/12/2015. Disponível em: <http://portal.stf.jus.br/processos/downloadPeca.asp?id=308381264&ext=.pdf>. Acesso em 02 jan. 2019.

283. BRASIL. SUPREMO TRIBUNAL FEDERAL. **Prisão Preventiva para Extradição n° 769. Decisão monocrática.** Relator Ministro Celso de Mello. DJE nº 34, divulgado em 23/02/2016. Disponível em: <http://portal.stf.jus.br/processos/downloadPeca.asp?id=308726958&ext=.pdf>. Acesso em 02 jan. 2019.

Aos 10.06.2016, o Ministro relator, após analisar novo pedido de revogação da prisão cautelar para fins de extradição e, considerando os precedentes das Extradições nº 1424, 1426, 1428 e 1443, deferiu o pleito sob o compromisso de comparecimento mensal do extraditando em juízo para informar residência e proibição de se ausentar de sua cidade, além da entrega de passaporte[284]. O processo está concluso ao relator desde 15.03.2018.

3.7.2.17. A Extradição nº 1443

A Prisão Preventiva para Extradição nº 770 foi autuada aos 20.11.2015 e distribuída ao Ministro Celso de Mello, por prevenção, em razão da PPE nº 769. A medida restritiva de liberdade em comento foi decretada em 01.12.2015. Trata-se de pedido de extradição de nacional chinês, pela República Popular da China, em razão de suposto cometimento de crime contra o sistema financeiro.

Aos 16.02.2016, o Ministro relator indeferiu a revogação do pedido de prisão preventiva para extradição, sob o argumento de que tal prisão consistiria em pressuposto indispensável ao processamento da própria ação de extradição passiva, tudo em consonância com o que previa o Estatuto do Estrangeiro. Entendia-se a prisão cautelar para extradição como imprescindível para a garantia da entrega do extraditando, que possuía mandado de prisão em território estrangeiro e, por este motivo, presumia-se em fuga. Na oportunidade, determinou o apensamento da PPE nº 770 à Extradição nº 1443[285].

---

284. BRASIL. SUPREMO TRIBUNAL FEDERAL. **Extradição nº 1442. Decisão monocrática.** Relator Ministro Celso de Mello. DJE nº 123, divulgado em 14/06/2016. Disponível em: <http://portal.stf.jus.br/processos/downloadPeca.asp?id=309723472&ext=.pdf>. Acesso em 03 jan. 2019.

285. BRASIL. SUPREMO TRIBUNAL FEDERAL. **Prisão Preventiva para Extradição nº 770. Decisão monocrática.** Relator Ministro Celso de Mello. DJE nº 31, divulgado em 18/02/2016. Disponível em: <http://portal.stf.jus.br/processos/downloadPeca.asp?id=308713989&ext=.pdf>. Acesso em 03 jan. 2019.

Aos 06.06.2016, o Ministro Celso de Mello apreciou novo pedido de revogação da prisão preventiva para fins de extradição, deferindo-a. A decisão restou lastreada no fato de que, nas Extradições n° 1424, 1426 e 1428, em situações semelhantes ao caso sob análise, foram proferidas decisões determinando a libertação dos extraditandos sob o compromisso de entrega de passaporte e comparecimento mensal em juízo o que, portanto, exigiria tratamento uniforme no caso concreto[286].

O processo está concluso ao relator desde 12.09.2017, ainda sem julgamento acerca do mérito da extradição.

3.7.2.18. *A Extradição n° 1465*

A Extradição n° 1465 foi autuada em 25.07.2016 e distribuída ao Ministro Marco Aurélio, que decretou a prisão cautelar para fins de extradição aos 19.08.2016, reduzindo-se a justificar a pertinência da medida, face à previsão literal do Estatuto do Estrangeiro.

O processo versa sobre pedido de extradição requerido por Portugal, havendo mandado de prisão internacional contra o extraditando para responder aos delitos de burla, falsificação de documento, abuso de confiança e emissão de cheque sem fundo, ou seja, todos crimes contra o patrimônio, sem violência[287], que no Brasil correspondem aos crimes de estelionato, falsificação de documento particular, apropriação indébita e fraude no pagamento por meio de cheque, previstos nos artigos 171, 298, 163 e 171, inciso V, do Código Penal.

---

286. BRASIL. SUPREMO TRIBUNAL FEDERAL. **Extradição n° 1443. Decisão monocrática.** Relator Ministro Celso de Mello. DJE nº 119, divulgado em 09/06/2016. Disponível em: <http://portal.stf.jus.br/processos/downloadPeca.asp?id=309681090&ext=.pdf>. Acesso em 03 jan. 2019.

287. BRASIL. SUPREMO TRIBUNAL FEDERAL. **Extradição n° 1465. Decisão monocrática.** Relator Ministro Marco Aurélio. DJE nº 188, divulgado em 02/09/2016. Disponível em: <http://portal.stf.jus.br/processos/downloadPeca.asp?id=310227201&ext=.pdf>. Acesso em 03 jan. 2019.

A prisão foi efetuada aos 31.08.2016. O extraditando, contudo, possuía problemas graves de saúde, o que resultou, em 07.09.2016, na revogação da prisão cautelar para fins de extradição, com a imposição de medidas cautelares, como a entrega de passaporte, permanência do extraditando em endereço predeterminado, utilização de tornozeleira eletrônica (posteriormente identificada como indisponível no Estado do Amazonas) e compromisso de comparecimento em juízo[288]. Isso se deveu ao fato de que a Suprema Corte brasileira entende como exceção à necessidade de constrição da liberdade do extraditando a existência de doença grave, que fragiliza seu estado de saúde, tornando desproporcional a segregação em estabelecimento carcerário.

Aos 05.09.2017, quase um ano após a decisão que revogou a prisão cautelar para fins de extradição, a Primeira Turma do Supremo Tribunal Federal decidiu pela denegação da extradição pela prescrição dos delitos supostamente cometidos em Portugal[289].

3.7.2.19. A Extradição n° 1481

A Prisão Preventiva para Extradição n° 809 foi autuada aos 08.09.2016 e distribuída ao Ministro Celso de Mello, que deferiu a medida aos 29.09.2016, sob o argumento de tratar-se de condição de procedibilidade do processo extradicional, presente o princípio da dupla tipicidade.

Este processo teve seu início por representação da INTERPOL no Brasil, que requereu a prisão para extradição de dois nacionais

---

288. BRASIL. SUPREMO TRIBUNAL FEDERAL. **Extradição n° 1465. Decisão monocrática.** Relator Ministro Marco Aurélio. DJE nº 194, divulgado em 09/09/2016. Disponível em: <http://portal.stf.jus.br/processos/downloadPeca.asp?id=310267410&ext=.pdf>. Acesso em 03 jan. 2019.

289. BRASIL. SUPREMO TRIBUNAL FEDERAL. **Extradição n° 1465. Inteiro teor do acórdão.** Relator Ministro Marco Aurélio. Primeira Turma. DJE 18/10/2017 - ATA nº 155/2017. DJE nº 237, divulgado em 17/10/2017. Disponível em: <http://portal.stf.jus.br/processos/downloadPeca.asp?id=313033329&ext=.pdf>. Acesso em 03 jan. 2019.

sul-coreanos, a fim de que fossem submetidos a processo criminal para apurar o cometimento do crime de estelionato[290]. Os extraditandos (casal) foram presos aos 04.10.2016.

A Extradição n° 1481 (à qual foi apensada a PPE nº 809), autuada aos 02.12.2016, passou a cuidar da extradição da esposa, enquanto a Extradição nº 1482 cuidou do pedido de extradição passiva do marido.

Nos autos da Extradição nº 1481, aos 14.12.2016, o Ministro Celso de Mello analisou pedido de revogação de prisão cautelar da extraditanda, que arguiu desproporcionalidade da medida restritiva de liberdade, especialmente pelo fato de que pai e mãe de três filhos, sendo um deles menor de idade, à época com 14 anos, estavam presos cautelarmente para fins extradicionais. O Ministro relator defendeu que, apesar de a prisão ser condição de procedibilidade do processo de extradição, sua manutenção não dispensaria a análise "de imperativos de razoabilidade que se mostram inerentes a toda e qualquer modalidade de segregação preventiva prevista no ordenamento jurídico brasileiro"[291].

Deferiu, destarte, a liberdade provisória da extraditanda, em razão de se fazer presente circunstância excepcional que a justificava, conquanto desassistido (material e emocionalmente) filho menor de idade. Como medidas cautelares diversas, foram determinadas entrega de passaporte; utilização de tornozeleira eletrônica; proibição de ausentar-se sem autorização da área metropolitana da cidade onde morava; compromisso de comparecimento semanal em juízo; determinação de recolhimento em sua residência a partir das 19h e durante todo o dia aos sábados, domingos e feriados, ressalvadas

---

290. BRASIL. SUPREMO TRIBUNAL FEDERAL. **Prisão Preventiva para Extradição n° 809. Decisão monocrática.** Relator Ministro Celso de Mello. DJE nº 232, divulgado em 28/10/2016. Disponível em: <http://portal.stf.jus.br/processos/downloadPeca.asp?id=310638424&ext=.pdf>. Acesso em 03 jan. 2019.

291. BRASIL. SUPREMO TRIBUNAL FEDERAL. **Extradição n° 1481/DF. Decisão monocrática.** Ministro Celso de Mello. DJE nº 267, divulgado em 15/12/2016. Disponível em: <http://portal.stf.jus.br/processos/downloadPeca.asp?id=310972023&ext=.pdf>. Acesso em 04 jan. 2019.

situações emergenciais (ex. médico-hospitalares), que deveriam ser comprovadas mediante documentação apresentada por ocasião do comparecimento semanal em juízo[292].

Ainda na PPE nº 809, aos 30.12.2016, a Ministra Cármen Lúcia, enquanto Presidente do Tribunal e, em sede de decisão monocrática, entendeu pelo indeferimento do pedido de revogação da prisão preventiva para extradição – baseado em problemas de saúde que acometiam o extraditando – repisando o posicionamento já firmado por aquela Corte Constitucional, no sentido de que a custódia cautelar para extradição é pressuposto necessário ao processo, que por este exato fato, possui curso preferencial no STF[293].

Por ora, não houve julgamento de mérito do processo de extradição, tendo sido apresentado parecer da Procuradoria-Geral da República aos 28.06.2017.

3.7.2.20. A Extradição nº 1482

A Extradição nº 1482 foi autuada aos 02.12.2016 e distribuída por prevenção ao Ministro Celso de Mello, em razão da PPE nº 809, que teve seu início por representação da INTERPOL no Brasil, requerendo a prisão para extradição de dois nacionais sul-coreanos (o extraditando e sua esposa, os mesmos citados no caso anterior), a fim de que fossem submetidos a processo criminal para apurar o cometimento do crime de estelionato. A constrição de liberdade do extraditando ocorreu aos 04.10.2016.

Aos 07.06.2017, o Ministro Celso de Mello, ao analisar pedido de revogação da prisão cautelar do extraditando, fundamentado em doença grave, com fulcro no que dispõe o artigo 318, inciso

---

292. Idem.

293. BRASIL. SUPREMO TRIBUNAL FEDERAL. **Prisão Preventiva para Extradição nº 809. Decisão monocrática.** Ministra Presidente Cármen Lúcia. DJE nº 17, divulgado em 31/01/2017. Disponível em: <http://portal.stf.jus.br/processos/downloadPeca.asp?id=311022606&ext=.pdf>. Acesso em 03 jan. 2019.

II, do Código de Processo Penal[294], determinou a liberdade provisória do extraditando, impondo-lhe restrições como entrega de seu passaporte; proibição de ausentar-se, sem prévia autorização, da área metropolitana da cidade onde morava; compromisso de comparecimento quinzenal em juízo; proibição de ausentar-se de sua residência, ressalvadas situações emergenciais (a exemplo das de caráter médico-hospitalar), que deveriam ser comprovadas quando do comparecimento quinzenal em juízo[295].

O processo está concluso ao Ministro relator desde 30.06.2017.

3.7.2.21. A Extradição n° 1492

A Prisão Preventiva para Extradição nº 814 foi autuada em 21.12.2016, distribuída ao Ministro Teori Zavascki. Em razão do recesso judicial, os autos foram conclusos à Presidência, em observância ao artigo 13, VIII, do Regimento Interno do STF[296], sendo então a prisão preventiva para extradição decretada aos 21.12.2016 pela Ministra Cármen Lúcia[297].

---

294. "Art. 318. Poderá o juiz substituir a prisão preventiva pela domiciliar quando o agente for: [...]
II - extremamente debilitado por motivo de doença grave". (BRASIL. **Código de processo penal**. Disponível em: <http://www.planalto.gov.br/ccivil_03/decreto-lei/Del3689.htm>. Acesso em 04 jan. 2019).

295. BRASIL. SUPREMO TRIBUNAL FEDERAL. **Extradição n° 1482. Decisão monocrática.** Ministro Celso de Mello. DJE nº 124, divulgado em 09/06/2017. Disponível em: <http://portal.stf.jus.br/processos/downloadPeca.asp?id=311979276&ext=.pdf>. Acesso em 04 jan. 2019.

296. "Art. 13. São atribuições do Presidente: [...]
VIII – decidir questões urgentes nos períodos de recesso ou de férias" (BRASIL. SUPREMO TRIBUNAL FEDERAL. **Regimento interno**. Disponível em: <http://www.stf.jus.br/arquivo/cms/legislacaoRegimentoInterno/anexo/RISTF_integral.pdf>. Acesso em: 05 jan. 2019).

297. BRASIL. SUPREMO TRIBUNAL FEDERAL. **Prisão Preventiva para Extradição n° 814/DF. Decisão monocrática.** Ministra Presidente Cármen Lúcia. DJE nº 17, divulgado em 31/01/2017. Disponível em: <http://portal.stf.jus.br/processos/downloadPeca.asp?id=311017621&ext=.pdf>. Acesso em 05 jan. 2019.

O processo teve seu início impulsionado por representação do Escritório Central Nacional da INTERPOL no Brasil, que requereu prisão preventiva de nacional chilena, baseada em difusão vermelha, para responder a processo penal (extradição instrutória) em razão do cometimento de crime de homicídio. A PPE nº 814 foi redistribuída à Ministra Rosa Weber e apensada à Extradição nº 1492.

A extraditanda, que já estava privada de sua liberdade pelo cometimento de ilícito penal no Brasil desde o dia 13.12.2016 (prisão em flagrante por furto qualificado), teve contra si cumprido o mandado de prisão para fins de extradição no dia 22.12.2016. Ocorre que, consoante notícias dos autos, a extraditanda deu à luz a um filho aos 04.04.2017 e, por esta razão, teve sua prisão substituída por medidas cautelares previstas no artigo 319, incisos I e IV do Código de Processo Penal[298]. O alvará de soltura, entretanto, não pode ser cumprido em razão da prisão preventiva para extradição.

Assim, aos 17.05.2017, a Ministra Rosa Weber analisou petição requerendo a concessão de prisão domiciliar em favor da extraditanda, com fundamento no artigo 318, incisos III e V, do Código de Processo Penal[299]. A Ministra relatora, em atenção ao princípio do melhor interesse da criança e, com fulcro no que dispõe o artigo 318 do Código de Processo Penal, afirmou que o risco de fuga poderia

---

298. "Art. 319. São medidas cautelares diversas da prisão:
I- comparecimento periódico em juízo, no prazo e nas condições fixadas pelo juiz, para informar e justificar atividades; [...]
IV- proibição de ausentar-se da Comarca quando a permanência seja conveniente ou necessária para a investigação ou instrução". (BRASIL. **Código de processo penal**. Disponível em: <http://www.planalto.gov.br/ccivil_03/decreto-lei/Del3689.htm >. Acesso em 22 jul 2017).

299. "Art. 318. Poderá o juiz substituir a prisão preventiva pela domiciliar quando o agente for:
[...]
III - imprescindível aos cuidados especiais de pessoa menor de 6 (seis) anos de idade ou com deficiência; [...]
V- mulher com filho de até 12 (doze) anos de idade incompletos". (BRASIL. **Código de processo penal**. Disponível em: <http://www.planalto.gov.br/ccivil_03/decreto-lei/Del3689.htm >. Acesso em 22 jul 2017).

ser prevenido, na hipótese, por medidas menos invasivas e, por isso, substituiu a prisão cautelar para extradição por prisão domiciliar, com imposição de medidas restritivas como o uso de tornozeleira eletrônica, proibição de ausentar-se do Estado onde mora sem autorização e o compromisso de atender a todo e qualquer chamamento judicial[300].

Após dez dias de implementação do monitoramento eletrônico, a extraditanda empreendeu fuga para outro Estado da Federação, o que demonstrou que a prisão domiciliar e as condicionantes impostas não haviam sido adequadas e suficientes. Em 23.06.2017, diante do descumprimento de condição imposta para a prisão domiciliar, a Ministra relatora restabeleceu os efeitos do mandado de prisão preventiva para fins de extradição. A Polícia Federal recapturou a extraditanda, quase nove meses após sua fuga, aos 21.03.2018[301].

Aos 21.05.2018 foi deferida a guarda provisória do filho da extraditanda à avó paterna. Restrita novamente a liberdade da extraditanda, mais uma vez grávida, a defesa requereu sua entrega voluntária (extradição simplificada) ao Estado requerente para defesa em seu país de origem.

Tal pedido foi analisado pela Primeira Turma do Supremo Tribunal Federal que, aos 11.09.2018, nos termos dos artigos 87 e 95 da Lei nº 13.445/2017, em questão de ordem, resolveu homologar a livre e espontânea declaração de concordância da extraditanda com o pedido extradicional, autorizando, destarte, a extradição, mediante a assunção dos compromissos legais pelo Estado requerente e inde-

300. BRASIL. SUPREMO TRIBUNAL FEDERAL. **Extradição nº 1492/DF. Decisão monocrática.** Ministra Relatora Rosa Weber. DJE nº 104, divulgado em 18/05/2017. Disponível em: <http://portal.stf.jus.br/processos/downloadPeca.asp?id=311830302&ext=.pdf>. Acesso em 05 jan. 2019.

301. BRASIL. SUPREMO TRIBUNAL FEDERAL. **Extradição nº 1492/DF. Decisão monocrática.** Ministra Relatora Rosa Weber. DJE nº 96, divulgado em 16/05/2018. Disponível em: <http://portal.stf.jus.br/processos/downloadPeca.asp?id=314360261&ext=.pdf>. Acesso em 05 jan. 2019.

pendentemente de publicação do acórdão[302]. Essa decisão teve seu trânsito em julgado aos 31.10.2018.

3.7.2.22. A Extradição n° 1514

A Prisão Preventiva para Extradição nº 831, autuada aos 25.05.2017, foi distribuída ao Ministro Ricardo Lewandowski. Trata-se de pedido de prisão preventiva requerida por representação do Escritório Central Nacional da INTERPOL no Brasil, com base em difusão vermelha publicada pela Espanha, para que o extraditando, paraguaio, respondesse (extradição instrutória) ao crime de homicídio culposo majorado pela omissão de socorro.

Aos 14.06.2017, o Ministro relator, em decisão monocrática, decretou a prisão preventiva para extradição, sob o fundamento de que a constrição de liberdade no processo extradicional se faz necessária para prevenir a fuga, especialmente quando o acusado se encontra foragido no país de origem. Aduziu haver informações nos autos de que o acusado tinha ciência da acusação existente, tendo, pois, optado conscientemente por escapar da justiça.

Veja-se aqui, mesmo antes da entrada em vigor da Lei nº 13.445/2017, a preocupação do Ministro Ricardo Lewandowski em demonstrar a cautelaridade consistente no perigo da manutenção da liberdade com consequente frustração da entrega do extraditando, caso deferida a extradição, tendo em vista que o extraditando estava em evidente esquiva à sua responsabilização criminal pelos atos praticados no Estado requerente[303].

---

302. BRASIL. SUPREMO TRIBUNAL FEDERAL. **Questão de Ordem na Extradição nº 1492/DF.** Ministra Relatora Rosa Weber. Primeira Turma. DJE 31/10/2018- ATA nº 164/2018. DJE nº 232, divulgado em 30/10/2018. Disponível em: <http://portal.stf.jus.br/processos/downloadPeca.asp?id=15338954394&ext=.pdf>. Acesso em 05 jan. 2019.

303. BRASIL. SUPREMO TRIBUNAL FEDERAL. **Prisão Preventiva para Extradição nº 831/DF. Decisão monocrática.** Ministro Relator Ricardo Lewandowski. DJE nº 143, divulgado em 29/06/2017. Disponível em: <http://portal.stf.jus.br/processos/downloadPeca.asp?id=312022438&ext=.pdf>. Acesso em 05 jan. 2019.

Destaque-se ainda que essa é a realidade comum que se apresenta nos casos de extradição. Contudo, nem por isso, a regra exclui a necessidade de fundamentação concreta diante da imposição de restrição de liberdade ao indivíduo.

A PPE nº 831 foi apensada à Extradição nº 1514, autuada aos 21.08.2017.

Aos 19.12.2017, após a entrada em vigor da Lei de Migração (Lei nº 13.445/2017), o Ministro relator apreciou pedido de revogação da prisão preventiva para extradição, a fim de reexaminar o cerceamento de liberdade imposto ao extraditando. Nesse passo, mais de 150 dias após a prisão, entendeu-se ser esta medida desnecessária à garantia da cooperação jurídica internacional e desproporcional, no caso concreto, especialmente porque não havia nos autos nenhuma informação que identificasse "periculosidade social na liberdade do requerido", pois o extraditando possuía trabalho regular e residência fixa[304].

Assim, a prisão preventiva para extradição foi revogada e, impostas ao extraditando medidas restritivas diversas, como a entrega de seu passaporte e o compromisso de atender a todo e qualquer chamamento judicial, consignando-se que o descumprimento das medidas implicaria a renovação da análise do pedido de prisão.

Aos 13.03.2018, a Segunda Turma do STF, por unanimidade, deferiu em parte a extradição, no sentido de permitir a entrega do extraditando para responder ao crime de homicídio culposo majorado pela omissão de socorro. Demonstrada restou a impossibilidade de extradição pelo suposto cometimento do delito de

304. BRASIL. SUPREMO TRIBUNAL FEDERAL. **Extradição nº 1514/DF. Decisão monocrática.** Ministro Relator Ricardo Lewandowski. DJE nº 19, divulgado em 01/02/2018. Disponível em: <http://portal.stf.jus.br/processos/downloadPeca.asp?id=313534394&ext=.pdf>. Acesso em 05 jan. 2019.

condução negligente[305], que constitui uma contravenção penal no direito pátrio[306].

Interpostos embargos de declaração pelo extraditando e pelo Ministério Público Federal, ambos foram rejeitados por unanimidade. Na oportunidade, explicou-se que a omissão de socorro no caso *sub judice* configurava causa de aumento de pena, o que afastaria a incidência do artigo 304 do Código de Trânsito Brasileiro (omissão de socorro como crime autônomo)[307].

Aos 05.11.2018, o Escritório Central Nacional da INTERPOL no Brasil comunicou ao STF a não localização do extraditando para sua entrega à Espanha. Aos 13.11.2018, o Ministro relator requereu a verificação da possibilidade de reativação da difusão vermelha em face do extraditando ora foragido[308].

3.7.3. Síntese crítica dos processos analisados e perspectivas analíticas

Concluídos os estudos de casos, dentro do recorte temporal proposto, nos processos em que houve a conversão da prisão pre-

305. O pedido extradicional formulado pela Espanha relacionava-se à suposta prática de crime de homicídio por negligência, previsto no artigo 142 do Código Penal (espanhol) e crime de condução negligente, previsto no artigo 380.1, também do Código Penal daquele Estado. (BRASIL. SUPREMO TRIBUNAL FEDERAL. **Extradição nº 1514/DF. Inteiro teor do acórdão.** Ministro Relator Ricardo Lewandowski. Segunda Turma. DJE 26/03/2018 - ATA nº 36/2018. DJE nº 58, divulgado em 23/03/2018. Disponível em: <http://portal.stf.jus.br/processos/downloadPeca.asp?id=313980771&ext=.pdf>. Acesso em 05 jan. 2019).

306. Idem.

307. BRASIL. SUPREMO TRIBUNAL FEDERAL. **Embargos de Declaração na Extradição nº 1514/DF.** Ministro Relator Ricardo Lewandowski. Segunda Turma. DJE 01/10/2018 - ATA nº 143/2018. DJE nº 208, divulgado em 28/09/2018. Disponível em: <http://portal.stf.jus.br/processos/downloadPeca.asp?id=15338746973&ext=.pdf>. Acesso em 05 jan. 2019.

308. BRASIL. SUPREMO TRIBUNAL FEDERAL. **Extradição nº 1514/DF. Despacho.** Ministro Relator Ricardo Lewandowski. DJE nº 247, divulgado em 20/11/2018. Disponível em: <http://portal.stf.jus.br/processos/downloadPeca.asp?id=15339065917&ext=.pdf>. Acesso em 05 jan. 2019.

ventiva para extradição em medidas cautelares diversas, trazem-se à superfície os principais pontos de reflexão, a saber: a prisão preventiva para extradição como condição de procedibilidade do processo extraditório durante a vigência do Estatuto do Estrangeiro (Lei nº 6.815/1980) e sua mitigação pelo Supremo Tribunal Federal; e a natureza da prisão cautelar para fins de extradição na dicção da Lei nº 13.445/2017.

Como visto, o Estatuto do Estrangeiro previa a prisão cautelar para extradição como condição *sine qua non* para o prosseguimento do processo extraditório, inadmitindo a liberdade vigiada, a prisão domiciliar ou a prisão albergue. A restrição de liberdade perduraria até o julgamento final do Supremo Tribunal Federal (cf. artigo 84, parágrafo único, da Lei nº 6815/1980).

Desta forma, entendia-se, como evidenciado nas casuísticas acima, a prisão no processo de extradição como condição objetiva de procedibilidade do processo, com caráter instrumental implícito, qual seja o objetivo de viabilizar a entrega extradicional ao Estado requerente, tornando efetiva a cooperação jurídica internacional em matéria penal. Essa possibilidade teórica conduziu o Supremo Tribunal Federal à interpretação literal do Estatuto do Estrangeiro e consolidou seu posicionamento no sentido da prisão como consequência, quase sempre imperiosa, da própria análise da extradição.

Assim, prosseguir sem o encarceramento significaria frustrar a entrega efetiva do requerido (extraditando) ao Estado requerente, tornando ineficaz a cooperação internacional no combate à criminalidade.

Ocorre que os direitos humanos foram alçados a pilar central da Constituição Federal de 1988. Assim, a prisão cautelar para extradição e sua razoabilidade deveriam ser cotejadas em cada caso concreto, ainda durante a vigência do Estatuto do Estrangeiro.

Nesse contexto, o STF passou a excepcionar a necessidade de restrição de liberdade, como em casos de problemas de saúde do extraditando; existência de filho menor de idade sob sua dependência e provável indeferimento do processo extraditório, quando do julgamento de mérito[309], em evidente abrandamento da compreensão da prisão como condição de procedibilidade do processo extradicional ou apenas a confirmação da regra por suas exceções.

Com a entrada em vigor da Lei nº 13.445/2017, construída sob a perspectiva humanitária disseminada no pensamento internacional, percebe-se a necessidade de revisitar o instituto da extradição, notadamente no que concerne à previsão da prisão preventiva para extradição.

Irrefutável que a prisão para fins de extradição, apesar de sua natureza cautelar, possui requisitos próprios, previstos hoje na Lei de Migração (lei especial) e, por isso, não se submete aos requisitos previstos no Código de Processo Penal. De outro lado, a Lei nº 13.445/2017 passa a admitir, pelo menos em tese, a imposição de prisão domiciliar, concessão de liberdade provisória e adoção de medidas restritivas diversas da prisão, conforme inteligência do artigo 86.

Ao permitir tal construção, afasta a segregação do extraditando como pressuposto para a análise e subsequente movimento da máquina pública no processo de extradição.

A razão de ser da prisão preventiva para extradição persiste como a garantia da entrega do extraditando e do cumprimento dos compromissos internacionais assumidos pelo Brasil. Nesse caminho, os requisitos da custódia cautelar estão ordinariamente presentes, como situação fática mais recorrente em processos de extradição.

Importa recobrar, demais disso, que para se considerar a possibilidade de extradição, é imprescindível a existência de mandado de prisão expedido, em processo criminal, por autoridade estrangeira competente (que pode ser corroborado pela publicação de difusão

---

309. Entende-se que, como a prisão cautelar para extradição é instrumental, deve seguir o principal. Desta feita, em havendo verossimilhança de que o processo de extradição será indeferido, torna-se imensurável a aflição impingida ao indivíduo, caso imposto o encarceramento e esvazia-se de sentido a constrição de liberdade, mesmo que na fase inicial do processo.

vermelha pela INTERPOL). Na verdade, este elemento já traz indícios para demonstrar a urgência da medida de restrição de liberdade.

Ressalte-se, a partir do próprio conceito de extradição, que o indivíduo que se evade do *forum delicti commissi* e esconde-se no território de outro Estado é foragido internacional. Indubitavelmente, repita-se, esta é a regra evidenciada nos casos concretos que se apresentam quando se requer a prisão cautelar para fins de extradição.

Observe-se que, nos 21 (vinte e um) estudos de casos trazidos[310], 9 (nove) dos 11 (onze) Ministros do Supremo Tribunal Federal em sua composição atual (em janeiro de 2019) se manifestaram sobre a prisão cautelar para fins de extradição, quer como presidentes do Tribunal, relatores ou membros das turmas, declinando acerca do posicionamento daquela Corte no sentido de que a prisão cautelar para extradição constitui condição de procedibilidade do processo extraditório. Ressalte-se que, conforme RISTF, compete às turmas processar e julgar originariamente a extradição requisitada por Estado estrangeiro (cf. artigo 9º, I, *h*).

Destes julgados, sublinham-se o voto do Ministro Luiz Fux na Extradição nº 1327, que apresenta entendimento de restrição dos casos de prisão cautelar para extradição, a partir da mensagem trazida pela Lei de Migração e o reexame da prisão cautelar para extradição conduzida pelo Ministro Relator, Ricardo Lewandowski, no bojo da Extradição nº 1514.

A partir destas perspectivas, torna-se imprescindível pesquisa empírica das Prisões Preventivas para Extradição autuadas de 01.01.2018 até 16.01.2019, a fim de verificar como decidiram os Ministros relatores, monocraticamente, acerca da privação cautelar de liberdade nos processos de extradição, na vigência da Lei de Migração (PPE n° 851 a PPE n° 897). Denota-se que em 26 (vinte e

---

310. Destes, sete casos foram levados às turmas e três ao Plenário. Outrossim, em apenas dois deles, a saber, nas Extradições nº 1492 e 1514 houve fuga dos extraditandos e, no momento, apenas o extraditando requerido neste último processo não foi localizado para ser entregue ao Estado requerente.

seis)[311] das 47 (quarenta e sete) PPEs[312] autuadas no recorte temporal escolhido, os 11 (onze) Ministros do STF enfrentaram a temática da prisão para extradição, mesmo que superficialmente.

Tomando por base estas 26 (vinte e seis) PPEs previamente referidas, observa-se que em 16 (dezesseis)[313] delas houve repetição da jurisprudência já estabelecida pelo Supremo Tribunal Federal, com a dedução de que o indivíduo supostamente busca evadir-se de sua responsabilização criminal o que, portanto, conduz a um estado de cautelaridade (abstrata) presumida. Saliente-se, todavia, que em 3 (três) destes processos, quais sejam as PPEs 852, 884 e 885, todas da relatoria do Ministro Celso de Mello, houve a preocupação de descrever a urgência da medida, demonstrando o risco de fuga nos casos *sub judice*.

Nas PPEs 856, 861, 862, 872, 881 e 888, todas de relatoria do Ministro Edson Fachin; nas PPEs 863 e 870 de relatoria do Ministro Gilmar Mendes e na PPE 886, de relatoria da Ministra Cármen Lúcia, por sua vez, ao se analisarem os pedidos de prisão preventiva para extradição, percorreram-se os requisitos da cautelaridade, demonstrando a necessidade da prisão a partir de elementos concretos[314].

Feitas estas considerações, forçoso lembrar que, em um Estado Constitucional, a liberdade é direito fundamental. Destarte, não se pode restringi-la sem que haja substrato no caso concreto, aferível por meio de análise em decisão judicial fundamentada. Não se permitem aqui abstrações para restringir direitos fundamentais.

---

311. Pesquisa realizada no sítio do STF, aos 19.08.2019, resultou na identificação das PPEs 851, 852, 855, 856, 858, 861, 862, 863, 864, 865, 868, 869, 870, 872, 873, 874, 875, 879, 881, 883, 884, 885, 886, 887, 888 e 896.

312. Saliente-se que em 19.08.2019, 15 (quinze) destas PPEs ainda estavam indisponíveis por sigilo ou segredo de justiça (PPEs 857, 859, 860, 866, 871, 877, 878, 880, 882, 889, 890, 892, 893, 894 e 897).

313. PPEs 851, 852, 855, 858, 864, 865, 868, 869, 873, 874, 875, 879, 883, 884, 885 e 896.

314. Em sentido diverso, o Ministro Luiz Fux, na PPE 887, considerou a gravidade dos fatos como elemento ensejador da possível fuga do extraditando e, por isso, da urgência da constrição de liberdade.

Outrossim, com a mobilidade humana proporcionada pela globalização, impulsionando as migrações, há de se perquirir se, de fato, a saída do território estrangeiro onde se cometeu o ilícito penal se deu de forma consciente com o objetivo de furtar-se à justiça.

Não bastasse, considerando o caráter axiológico da Constituição Federal de 1988, que tem como fundamento hermenêutico o princípio da dignidade da pessoa humana, compreende-se a imprescindibilidade de analisar a proporcionalidade da medida constritiva de liberdade como expressão intrínseca do devido processo legal, previsto em seu artigo 5º, inciso LIV. Em termos tangíveis, a prisão preventiva para fins de extradição há de ser norteada pela necessidade e proporcionalidade do encarceramento, que devem estar demonstradas na representação pela prisão junto ao Supremo Tribunal Federal.

Revela-se, desta forma, que admitir a prisão cautelar para extradição como condição de procedibilidade, sem análise acerca do real perigo da manutenção da liberdade, consiste em contradizer a ideia da universalidade dos direitos humanos, o que vai de encontro com o equilíbrio proposto pelo garantismo penal entre a proteção das liberdades individuais e a eficácia do resultado da persecução criminal[315] para consecução da segurança pública em sua concretude.

315. Observe-se que tal premissa se justifica mesmo que a persecução criminal propriamente dita se dê no Estado requerente, já que, provavelmente, nos processos de extradição, ela apenas será viabilizada por meio da cooperação internacional.

CONCLUSÃO

A globalização consistiu em fenômeno inevitável de aproximação dos mundos, que implicou a revolução dos conceitos de tempo, espaço, capital e tecnologia e impulsionou a interação social, independentemente de fronteiras geográficas, políticas ou culturais.

Esta proximidade, contudo, despertou uma faceta negativa, traduzida na transnacionalidade dos delitos e organizações criminosas e impôs ações integradas dos Estados para repressão criminal e consecução da paz social. Esse diálogo, instrumentalizado pela cooperação internacional, visou romper as limitações territoriais da soberania, em busca de um objetivo comum maior.

Nesta perspectiva, os instrumentos de cooperação adequaram-se às necessidades impostas pelas mutações sociais, a fim de coibir as práticas delitivas contemporâneas. De maneira semelhante, a extradição, com pilar na Constituição Federal de 1988, exigiu sua compatibilização com a universalização dos direitos humanos e a compreensão das migrações deste século.

De forma objetiva, investigaram-se as condições da extradição e a previsão de prisão cautelar para fins de extradição, dispostas na Lei nº 13.445/2017. Analisaram-se a ADPF nº425/DF e os normativos que elevavam a prisão cautelar para extradição ao patamar de condição objetiva de procedibilidade do processo.

Destacou-se, na ADPF nº 425/DF, observação formulada pelo Ministro Relator, Edson Fachin, em seu voto, no sentido de que a prisão para fins de extradição teria deixado de ser obrigatória, ao mesmo passo em que seu caráter cautelar foi reconhecido pela Lei de Migração, não mais se exigindo, pela inteligência do referido normativo, o implemento da prisão para admissão e processamento da extradição.

Demonstrou-se, por meio do estudo de casos, que apesar de a alteração legislativa do Estatuto do Estrangeiro para a novel Lei de Migração ter, em tese, suprimido a prisão como condição de procedibilidade do processo extraditório, o Supremo Tribunal Federal permanece decidindo de forma dissonante.

Nesse espírito, segundo a Suprema Corte brasileira, a previsão do artigo 86 da Lei n° 13.445/2017 consistiria em medidas de flexibilização da privação de liberdade ou hipóteses de revogação da prisão preventiva. Não obstante este posicionamento, evidenciou-se que o legislador, em verdade, permitiu que, em caso de urgência, se restringisse a liberdade do extraditando, prévia ou concomitantemente à formalização do pedido extradicional, com o objetivo de assegurar a executoriedade da medida de extradição.

Outrossim, possibilitou ao STF, ouvido o Ministério Público, autorizar prisão albergue ou domiciliar ou determinar que o extraditando responda ao processo de extradição em liberdade, com retenção do documento de viagem ou outras medidas cautelares necessárias, considerando sua situação administrativa migratória, seus antecedentes e as circunstâncias do caso.

Forçoso reconhecer que a Lei n° 13.445/2017 não prevê a necessidade de cerceamento de liberdade como condição sem a qual o processo de extradição não teria andamento. Afinal, não seria razoável nem proporcional que, diante de condições sabidamente excepcionais da prisão cautelar para fins de extradição, necessariamente fosse o extraditando levado ao cárcere, para posterior e indiscutível revogação ou conversão da prisão preventiva em cautelar pessoal diversa.

Desarrazoada também seria a manutenção do indivíduo em estabelecimento prisional durante todo o processo extraditório quando, em análise de cognição sumária, já se observasse a probabilidade de, ao final, a extradição ser julgada improcedente.

Defendeu-se que a prisão poderá ser então concedida, em casos de urgência, a fim de garantir a executoriedade da medida de extradição, com a efetiva entrega do extraditando. Nesse sentido, a permissão para restrição da liberdade dar-se-ia nos casos em que a medida não pudesse ser retardada. Teria cabimento nas oportunidades em que a manutenção da liberdade demonstrasse risco efetivo à cooperação internacional, o que corrobora a ideia da necessidade de revelar a cautelaridade, diante da prisão instrumental.

Ressaltou-se que mesmo recorrente, a cautelaridade deve ser demonstrada e fundamentada a decisão que deferir a medida, sob pena de desequilibrar as cifras da injustiça e da ineficiência, explicitadas por FERRAJOLI.

Com base nessas referências teóricas, realizou-se análise empírica quantitativa e qualitativa dos processos de extradição julgados pela Suprema Corte brasileira, em que houve a conversão da prisão preventiva para extradição em medidas cautelares diversas, com o recorte temporal de 2015 a maio de 2018. Objetivou-se verificar a conformidade da prisão cautelar para fins de extradição como condição de procedibilidade deste processo com a centralidade dos direitos humanos na Constituição Federal, não apenas em suas relações internacionais.

Ademais, analisaram-se, quantitativamente, as Prisões Preventivas para Extradição autuadas de janeiro de 2018 a 16.01.2019, nas quais o STF se manifestou sobre a temática da prisão cautelar para extradição na vigência da Lei de Migração. Isso possibilitou verificar o posicionamento da Corte a partir do resultado das decisões monocráticas prolatadas pelos 11 (onze) Ministros que compõem o Tribunal.

Evidenciou-se a tensão entre a proteção dos direitos humanos e a consecução da cooperação internacional imbuída na repressão dos delitos transnacionais e da criminalidade organizada, bem como a necessidade de estabelecer equilíbrio entre elas. Partindo dessas premissas, é indiscutível que a Lei de Migração e, notadamente, a prisão cautelar para fins de extradição devem guardar coerência com o suporte valorativo constante do texto constitucional e exigido pela sociedade globalizada.

Nesse diapasão, adotou-se a dignidade humana como paradigma de interpretação, a materializar os limites à aplicação das medidas cautelares e, como tal, à prisão cautelar para fins de extradição. Defendeu-se, deste modo, que a prisão não seja concebida como condição sem a qual o processo de extradição não tem prosseguimento, sob pena de exigir o encarceramento em situações sabidamente desarrazoadas e concretamente desproporcionais.

Isso não quer dizer que extradições não serão frustradas em razão de "nova" fuga empreendida pelo extraditando. Mas, em outra perspectiva, não se pode afirmar peremptoriamente que a concessão de medidas diversas da prisão preventiva frustrará a cooperação, com o esvaziamento da extradição e, em última análise, da própria persecução penal. O que se defende é a contemporização da privação de liberdade com os postulados do garantismo penal, buscando equilíbrio entre justiça, segurança e eficiência.

A partir do próprio conceito de extradição, depreende-se que o indivíduo que se evade do local do crime e refugia-se no território de outro Estado é foragido internacional. Inegavelmente, esta é a regra evidenciada nos casos concretos que se apresentam quando se representa por uma prisão cautelar para fins de extradição.

Há de se investigar, todavia, se, de fato, a saída do território estrangeiro onde se cometeu o ilícito penal se deu de forma consciente, com o objetivo de furtar-se à justiça e, analisar a proporcionalidade da medida constritiva de liberdade como expressão intrínseca do devido processo legal.

Portanto, de acordo com o estudo desenvolvido, observa-se que admitir a prisão cautelar para extradição como condição de procedibilidade, sem análise acerca do real perigo da manutenção da liberdade, consiste em contradizer a ideia da universalidade dos direitos humanos. Conclui-se que, a despeito do curto espaço de tempo desde a entrada em vigor da Lei n° 13.445/2017, esta efetivamente estabeleceu mudanças na interpretação da prisão cautelar para extradição no Brasil. Convém aguardar que o Supremo Tribunal Federal se debruce sobre a matéria de maneira verticalizada, trazendo equilíbrio e segurança jurídica em suas decisões.

REFERÊNCIAS BIBLIOGRÁFICAS

ALEMANHA. ***Act on International Cooperation in Criminal Matters*** *of 23 December 1982 (Federal Law Gazette I page 2071), as last amended by Article 1 of the Act of 21 July 2012, Bundesgesetzblatt I 2012, 1566*. Disponível em: <http://www.gesetze-im-internet.de/englisch_irg/englisch_irg.html#p0026>. Acesso em 07 jul. 2018.

ALEXY, Robert. **Teoria dos direitos fundamentais.** Tradução de Vírgilio Afonso da Silva. 2 ed. São Paulo: Malheiros Editores, 2015.

ALVES, Roque de Brito. **Globalização do crime.** Boletim IBCCRIM, Ano 8, nº 88, março 2000.

ARAÚJO, Luis Ivani de Amorim. **Direito internacional penal: *delicta iuris gentium*.** Rio de Janeiro: Editora Forense, 2000.

ARGENTINA. ***Ley 24.767.*** Disponível em: <https://www.oas.org/juridico/mla/sp/arg/sp_arg-mla-leg-24-767.html>. Acesso em 18 jun. 2018.

ÁVILA, Thiago André Pierobom de. **Provas ilícitas e proporcionalidade.** Rio de Janeiro: Editora Lumen Juris, 2007.

BADARÓ, Gustavo Henrique Righi Ivahy. **A prisão preventiva e o princípio da proporcionalidade: proposta de mudanças legislativas.** Revista da Faculdade de Direito, Universidade de São Paulo, v. 103, p. 381-408, 1 jan. 2008. Disponível em: <http://www.revistas.usp.br/rfdusp/article/view/67811/70419>. Acesso em 18 set. 2018.

BALTAZAR JÚNIOR, José Paulo e; LIMA, Luciano Flores de. (Org.) **Cooperação jurídica internacional em matéria penal**. Porto Alegre: Verbo Jurídico, 2010.

BAPTISTA, Luiz Olavo e, FONSECA, José Roberto Franco da (Coord). **O direito internacional do terceiro milênio: estudos em homenagem ao professor Vicente Marotta Rangel**. São Paulo: LTR, 1998.

BARRETO, Taciana Meira. **O Supremo Tribunal Federal, o presidente e a extradição de Cesare Battisti.** *In:* Cognitio Juris, João Pessoa, Ano I, Número 1, abril 2011.

BARROSO, Luís Roberto. **Aqui, lá e em todo lugar: a dignidade humana no direito contemporâneo e no discurso transnacional.** *In:* Revista dos Tribunais, Ano 101, vol. 919, maio de 2012, p.127-196.

BARZOTTO, Luis Fernando. **Os direitos humanos como direitos subjetivos. Da dogmática jurídica à ética.** Disponível em: <http://www.amprs.org.br/arquivos/revista_artigo/arquivo_1273603208.pdf>. Acesso em 10 jan. 2018.

BAUMAN, Zygmunt. **Tempos líquidos.** Tradução de Carlos Alberto Medeiros. Rio de Janeiro: Jorge Zahar Editor, 2007.

BECCARIA, Cesare. **Dos delitos e das penas.** São Paulo: Martin Claret, 2000.

BECHARA, Fábio Ramazzini. **Cooperação jurídica internacional em matéria penal: eficácia da prova produzida no exterior.** São Paulo: Saraiva, 2011.

BEVILAQUA, Clovis. **Direito publico internacional: a synthese dos principios e a contribuição do Brasil.** 2 ed. Tomo I. Rio de Janeiro: Livraria Editora Freitas Bastos, 1939.

BEVILAQUA, Clovis. **Direito publico internacional: a synthese dos principios e a contribuição do Brasil.** 2 ed. Tomo II. Rio de Janeiro: Livraria Editora Freitas Bastos, 1939.

BOBBIO, Norberto. **A era dos direitos.** Tradução de Carlos Nelson Coutinho. Rio de Janeiro: Elsevier, 2004.

BOMFIM, Camila. **Italiano Cesare Battisti é preso na Bolívia.** G1 Política. Disponível em: <https://g1.globo.com/politica/noticia/2019/01/13/italiano-cesare-battisti-e-preso-na-bolivia.ghtml>. Acesso em 14 jan. 2019.

BRASIL. CÂMARA DOS DEPUTADOS. **PDC n° 787/2017**. Disponível em: <http://www.camara.gov.br/proposicoesWeb/fichadetramitacao?idProposicao=2155152>. Acesso em 16 set 2018.

BRASIL. CÂMARA DOS DEPUTADOS. **PL n° 301/2007**. Disponível em: <http://www.camara.gov.br/proposicoesWeb/fichadetramitacao?idProposicao=343615>. Acesso em 08 set 2018.

BRASIL. **Código de processo civil.** Disponível em: <http://www.planalto.gov.br/ccivil_03/_ato2015-2018/2015/lei/l13105.htm>. Acesso em 16 jun. 2018.

BRASIL. **Código de processo penal**. Disponível em: <http://www.planalto.gov.br/ccivil_03/decreto-lei/Del3689.htm >. Acesso em 22 jul. 2017.

BRASIL. **Código de processo penal**. Disponível em: <http://www.planalto.gov.br/ccivil_03/decreto-lei/Del3689.htm>. Acesso em 04 jan. 2019.

BRASIL. **Constituição Federal (1988)**. Disponível em: <http://www.planalto.gov.br/ccivil_03/constituicao/Constituicao.htm>. Acesso em 21 jul. 2017.

BRASIL. **Constituição Federal**. Disponível em: <http://www.planalto.gov.br/ccivil_03/constituicao/constituicao.htm>. Acesso em 13 jan. 2018.

BRASIL. **Decreto n° 99.710/1990**. Disponível em: <http://www.planalto.gov.br/ccivil_03/decreto/1990-1994/d99710.htm>. Acesso em 02 ago. 2017.

BRASIL. **Decreto n° 40/1991**. Disponível em: <http://www.planalto.gov.br/ccivil_03/decreto/1990-1994/d0040.htm>. Acesso em 20 jun. 2017.

BRASIL. **Decreto n° 154/1991.** Disponível em: <http://www.planalto.gov.br/ccivil_03/Decreto/1990-1994/D0154.htm>. Acesso em 22 ago. 2018.

BRASIL. **Decreto n° 592/1992**. Disponível em: <http://www.planalto.gov.br/ccivil_03/decreto/1990-1994/d0592.htm>. Acesso em 01 jul. 2018.

BRASIL. **Decreto nº 678/1992**. Disponível em: <http://www.planalto.gov.br/ccivil_03/decreto/1990-1994/anexo/and678-92.pdf>. Acesso em 01 jul. 2018.

BRASIL. **Decreto n° 4.388/2002.** Disponível em: <http://www.planalto.gov.br/ccivil_03/decreto/2002/D4388.htm>. Acesso em 08 set. 2018.

BRASIL. **Decreto n° 5.015/2004.** Disponível em: <http://www.planalto.gov.br/ccivil_03/_ato2004-2006/2004/decreto/d5015.htm>. Acesso em 22 ago. 2018.

BRASIL. **Decreto n° 5.639/2005**. Disponível em: <http://www.planalto.gov.br/ccivil_03/_ato2004-2006/2005/decreto/d5639.htm >. Acesso em 19 jul. 2017.

BRASIL. **Decreto nº 5.687/2006.** Disponível em: <http://www.planalto.gov.br/ccivil_03/_ato2004-2006/2006/decreto/d5687.htm>. Acesso em 16 jun. 2018.

BRASIL. **Decreto n° 5.919/2006**. Disponível em: <http://www.planalto.gov.br/ccivil_03/_Ato2004-2006/2006/Decreto/D5919.htm>. Acesso em 05 set. 2018.

BRASIL. **Decreto nº 8.668/2016.** Disponível em: <http://www.planalto.gov.br/ccivil_03/_ato2015-2018/2016/decreto/d8668.htm>. Acesso em 16 jun. 2018.

BRASIL. **Decreto n° 8.861/2016.** Disponível em: <http://www.planalto.gov.br/ccivil_03/_ato2015-2018/2016/decreto/D8861.htm>. Acesso em 05 dez. 2018.

BRASIL. **Decreto n° 9.199/2017**. Disponível em: <http://www2.camara.leg.br/legin/fed/decret/2017/decreto-9199-20-novembro-2017-785772-publicacaooriginal-154263-pe.html>. Acesso em 30 jun. 2018.

BRASIL. **ENCCLA. Ações 2017**. Disponível em: <http://enccla.camara.leg.br/acoes/acoes-de-2017>. Acesso em 30 jun. 2018.

BRASIL. **Lei** nº 818/1949. Disponível em: <http://www.planalto.gov.br/ccivil_03/leis/L0818.htm>. Acesso em 21 jul. 2017.

BRASIL. **Lei n° 6.815/1980**. Disponível em: <http://www.planalto.gov.br/ccivil_03/leis/L6815.htm>. Acesso em 18 jul. 2017.

BRASIL. **Lei n° 9.474/1997**. Disponível em: <http://www.planalto.gov.br/ccivil_03/leis/L9474.htm>. Acesso em 24 jul. 2017.

BRASIL. **Lei n° 12.878/2013.** Disponível em: <http://www.planalto.gov.br/ccivil_03/_Ato2011-2014/2013/Lei/L12878.htm>. Acesso em 16 jul. 2018.

BRASIL. **Lei n° 13.257/2016.** Disponível em: <http://www.planalto.gov.br/ccivil_03/_ato2015-2018/2016/lei/l13257.htm>. Acesso em 17 nov. 2018.

BRASIL. **Lei nº 13.344/2016**. Disponível em: <http://www.planalto.gov.br/ccivil_03/_ato2015-2018/2016/lei/L13344.htm>. Acesso em 24 jan. 2018.

BRASIL. **Lei** n° **13.445/2017**. Disponível em: <http://www.planalto.gov.br/ccivil_03/_ato2015-2018/2017/lei/L13445.htm>. Acesso em 20 jul. 2017.

BRASIL. MINISTÉRIO PÚBLICO FEDERAL. **MPs do Brasil e Portugal firmam documento para criação de equipes conjuntas de investigação.** Disponível em: <http://www.mpf.mp.br/pgr/noticias-pgr/mps-do-brasil-e-portugal-assinam-documento-para-criacao-de-equipes-conjuntas-de-investigacao-ecis>. Acesso em 05 dez. 2018.

BRASIL. SENADO FEDERAL. **Projeto de Decreto Legislativo** n° 104/2018. Disponível em: <https://www25.senado.leg.br/web/atividade/materias/-/materia/134231>. Acesso em 21 out. 2018.

BRASIL. SUPERIOR TRIBUNAL DE JUSTIÇA. **Regimento interno.** Disponível em: <https://ww2.stj.jus.br/publicacaoinstitucional/index.php/Regimento/issue/view/1/showToc>. Acesso em 21 jan. 2019.

BRASIL. SUPREMO TRIBUNAL FEDERAL. **Agravo Regimental na Extradição n° 1327.** Relator Ministro Marco Aurélio. Primeira Turma. DJE 01/09/2017 - ATA nº 124/2017. DJE nº 197, divulgado em 31/08/2017. Disponível em: <http://portal.stf.jus.br/processos/downloadPeca.asp?id=312601430&ext=.pdf>. Acesso em 05 dez. 2018.

BRASIL. SUPREMO TRIBUNAL FEDERAL. **Agravo Regimental na Prisão Preventiva para Extradição nº 760/DF**. Primeira Turma. Relator Ministro Edson Fachin. DJE 23/06/2016 - ATA nº 97/2016. DJE nº 130, divulgado em 22/06/2016. Disponível em: <http://portal.stf.jus.br/processos/downloadPeca.asp?id=309785648&ext=.pdf>. Acesso em 21 out. 2018.

BRASIL. SUPREMO TRIBUNAL FEDERAL. **Argüição de Descumprimento de Preceito Fundamental nº 425/DF**. Relator Ministro Edson Fachin. Disponível em: <http://www.stf.jus.br/portal/processo/verProcessoAndamento.asp?incidente=5084367>. Acesso em 10 jul. 2017.

BRASIL. SUPREMO TRIBUNAL FEDERAL. **Argüição de Descumprimento de Preceito Fundamental nº 425/DF. Decisão de Julgamento.** Relator Ministro Edson Fachin. DJE nº 230, divulgado em 26.10.2018. Disponível em: <http://portal.stf.jus.br/processos/downloadPeca.asp?id=15338928949&ext=.pdf>. Acesso em 11 nov. 2018.

BRASIL. SUPREMO TRIBUNAL FEDERAL. **Argüição de Descumprimento de Preceito Fundamental nº 425/DF. Decisão monocrática.** Relator Ministro Edson Fachin. Disponível em: <http://redir.stf.jus.br/estfvisualizadorpub/jsp/consultarprocessoeletronico/

ConsultarProcessoEletronico.jsf?seqobjetoincidente=5084367>. Acesso em 11 set. 2018.

BRASIL. SUPREMO TRIBUNAL FEDERAL. **Embargos de Declaração na Extradição nº 1514/DF.** Ministro Relator Ricardo Lewandowski. Segunda Turma. DJE 01/10/2018 - ATA nº 143/2018. DJE nº 208, divulgado em 28/09/2018. Disponível em: <http://portal.stf.jus.br/processos/downloadPeca.asp?id=15338746973&ext=.pdf>. Acesso em 05 jan. 2019.

BRASIL. SUPREMO TRIBUNAL FEDERAL. **Execução na Extradição n° 893 – República Federal da Alemanha.** Relator Ministro Gilmar Mendes. DJE nº 189, divulgado em 26/09/2014. Disponível em: <http://portal.stf.jus.br/processos/downloadPeca.asp?id=262853806&ext=.pdf>. Acesso em 13 nov. 2018.

BRASIL. SUPREMO TRIBUNAL FEDERAL. **Extradição nº 510**. Relator Ministro Octavio Gallotti, Tribunal Pleno, julgamento em 06.06.1990, DJ de 03.08.1990. Disponível em: <http://www.stf.jus.br/portal/processo/verProcessoAndamento.asp?incidente=1492776>. Acesso em 20 jul. 2017.

BRASIL. SUPREMO TRIBUNAL FEDERAL. **Extradição n° 890**, Relator Ministro Celso de Mello, Tribunal Pleno, julgado em 05.08-2004, DJ 28.10.2004, p. 37. Disponível em: <http://portal.stf.jus.br/processos/detalhe.asp?incidente=2143092>. Acesso em 16 jun. 2018.

BRASIL. SUPREMO TRIBUNAL FEDERAL. **Extradição n° 893 – República Federal da Alemanha. Decisão monocrática.** Segunda Turma. Relator Ministro Gilmar Mendes. DJE nº 67, divulgado em 11/04/2016. Disponível em: <http://portal.stf.jus.br/processos/downloadPeca.asp?id=309163022&ext=.pdf>. Acesso em 13 nov. 2018.

BRASIL. SUPREMO TRIBUNAL FEDERAL. **Extradição n° 1074**. Tribunal Pleno. Relator Ministro Celso de Mello. DJE n° 107, divulgado em 12/06/2008. Disponível em: <http://portal.stf.jus.br/processos/detalhe.asp?incidente=2495245>. Acesso em 21 jan. 2019.

BRASIL. SUPREMO TRIBUNAL FEDERAL. **Extradição n° 1.085.** Relator Ministro Gilmar Mendes (Relator atual, Ministro Luiz Fux), Segunda Turma. Disponível em: <http://portal.stf.jus.br/processos/detalhe.asp?incidente=2514526>. Acesso em 16 jun. 2018.

BRASIL. SUPREMO TRIBUNAL FEDERAL. **Extradição n° 1.189 – República Portuguesa. Decisão monocrática.** Relator Ministro

Luís Roberto Barroso. Primeira Turma. DJE nº 243, divulgado em 01/12/2015. Disponível em: <http://portal.stf.jus.br/processos/downloadPeca.asp?id=308255871&ext=.pdf>. Acesso em 18 nov. 2018.

BRASIL. SUPREMO TRIBUNAL FEDERAL. **Extradição nº 1.189 – República Portuguesa. Decisão monocrática.** Relator Ministro Luís Roberto Barroso. Primeira Turma. DJE nº 65, divulgado em 05/04/2018. Disponível em: <http://portal.stf.jus.br/processos/downloadPeca.asp?id=314046277&ext=.pdf>. Acesso em 18 nov. 2018.

BRASIL. SUPREMO TRIBUNAL FEDERAL. **Extradição nº 1.189 – República Portuguesa. Despacho.** Relator Ministro Luís Roberto Barroso. Primeira Turma. DJE nº 217, divulgado em 28/10/2015. Disponível em: <http://portal.stf.jus.br/processos/downloadPeca.asp?id=308025020&ext=.pdf>. Acesso em 18 nov. 2018.

BRASIL. SUPREMO TRIBUNAL FEDERAL. **Extradição nº 1.189 – República Portuguesa. Inteiro Teor do Acórdão.** Relator Ministro Luís Roberto Barroso. Primeira Turma. DJE 02/03/2016 - ATA nº 21/2016. DJE nº 39, divulgado em 01/03/2016. Disponível em: <http://portal.stf.jus.br/processos/downloadPeca.asp?id=308809858&ext=.pdf>. Acesso em 18 nov. 2018.

BRASIL. SUPREMO TRIBUNAL FEDERAL. **Extradição nº 1270.** Relator Ministro Luís Roberto Barroso. Primeira Turma. Disponível em: <http://portal.stf.jus.br/processos/detalhe.asp?incidente=4184803>. Acesso em 18 nov. 2018.

BRASIL. SUPREMO TRIBUNAL FEDERAL. **Extradição nº 1270. Decisão monocrática.** Relator Ministro Luís Roberto Barroso. Primeira Turma. DJE nº 22, divulgado em 31/01/2014. Disponível em: <http://portal.stf.jus.br/processos/downloadPeca.asp?id=193515262&ext=.pdf>. Acesso em 20 nov. 2018.

BRASIL. SUPREMO TRIBUNAL FEDERAL. **Extradição nº 1270. Decisão monocrática.** Relator Ministro Luís Roberto Barroso. Primeira Turma. DJE nº 166, divulgado em 24/08/2015. Disponível em: <http://portal.stf.jus.br/processos/downloadPeca.asp?id=307528564&ext=.pdf>. Acesso em 20 nov. 2018.

BRASIL. SUPREMO TRIBUNAL FEDERAL. **Extradição nº 1270. Decisão monocrática.** Relator Ministro Luís Roberto Barroso. Primeira Turma. DJE nº 188, divulgado em 02/09/2016. Disponível em: <http://portal.stf.jus.br/processos/downloadPeca.asp?id=310221942&ext=.pdf>. Acesso em 23 nov. 2018.

BRASIL. SUPREMO TRIBUNAL FEDERAL. **Extradição n° 1270. Inteiro Teor do Acórdão.** Relator Ministro Luís Roberto Barroso. Primeira Turma. DJE 23/02/2018 - ATA nº 15/2018. DJE nº 35, divulgado em 22/02/2018. Disponível em: <http://portal.stf.jus.br/processos/downloadPeca.asp?id=313719082&ext=.pdf>. Acesso em 27 nov. 2018.

BRASIL. SUPREMO TRIBUNAL FEDERAL. **Extradição n° 1311. Decisão monocrática.** Relator Ministro Marco Aurélio. Primeira Turma. DJE nº 101, divulgado em 28/05/2013. Disponível em: <http://portal.stf.jus.br/processos/downloadPeca.asp?id=142615361&ext=.pdf>. Acesso em 27 nov. 2018.

BRASIL. SUPREMO TRIBUNAL FEDERAL. **Extradição n° 1311. Decisão monocrática.** Relator Ministro Marco Aurélio. Primeira Turma. DJE nº 33, divulgado em 19/02/2015. Disponível em: <http://portal.stf.jus.br/processos/downloadPeca.asp?id=300072602&ext=.pdf>. Acesso em 28 nov. 2018.

BRASIL. SUPREMO TRIBUNAL FEDERAL. **Extradição n° 1311. Decisão monocrática.** Relator Ministro Marco Aurélio. Primeira Turma. DJE nº 180, divulgado em 24/08/2016. Disponível em: <http://portal.stf.jus.br/processos/downloadPeca.asp?id=310130196&ext=.pdf>. Acesso em 28 nov. 2018.

BRASIL. SUPREMO TRIBUNAL FEDERAL. **Extradição n° 1311. Decisão monocrática.** Relator Ministro Marco Aurélio. Primeira Turma. DJE nº 245, divulgado em 19/11/2018. Disponível em: <http://portal.stf.jus.br/processos/downloadPeca.asp?id=15339074709&ext=.pdf>. Acesso em 28 nov. 2018.

BRASIL. SUPREMO TRIBUNAL FEDERAL. **Extradição n° 1327. Decisão monocrática.** Relator Ministro Marco Aurélio. DJE nº 54, divulgado em 22/03/2016. Disponível em: <http://portal.stf.jus.br/processos/downloadPeca.asp?id=308969312&ext=.pdf>. Acesso em 05 dez. 2018.

BRASIL. SUPREMO TRIBUNAL FEDERAL. **Extradição n° 1327. Decisão monocrática.** Relator Ministro Marco Aurélio. DJE nº 23, divulgado em 07/02/2018. Disponível em: <http://portal.stf.jus.br/processos/downloadPeca.asp?id=313635492&ext=.pdf>. Acesso em 05 dez. 2018.

BRASIL. SUPREMO TRIBUNAL FEDERAL. **Extradição n° 1.403/DF,** Relatora Ministra Rosa Weber, Primeira Turma, DJE nº 17, divulgado em 31/01/2017. Disponível em: <http://portal.stf.jus.br/processos/downloadPeca.asp?id=311006067&ext=.pdf>. Acesso em 14 out. 2018.

BRASIL. SUPREMO TRIBUNAL FEDERAL. **Extradição n° 1403. Decisão monocrática**. Relatora Ministra Rosa Weber. Primeira Turma, DJE nº 240, divulgado em 12/11/2018. Disponível em: <http://portal.stf.jus.br/processos/downloadPeca.asp?id=15339032336&ext=.pdf>. Acesso em 18 nov. 2018.

BRASIL. SUPREMO TRIBUNAL FEDERAL. **Extradição n° 1403/DF, Inteiro teor do acórdão.** Relatora Ministra Rosa Weber, Primeira Turma, DJE 27/08/2018 - ATA Nº 119/2018. DJE nº 175, divulgado em 24/08/2018. Disponível em: <http://portal.stf.jus.br/processos/downloadPeca.asp?id=315098031&ext=.pdf>. Acesso em 14 out. 2018.

BRASIL. SUPREMO TRIBUNAL FEDERAL. **Extradição n° 1.424/DF**. Relator Ministro Dias Toffoli, Segunda Turma. Disponível em: <http://www.stf.jus.br/portal/processo/verProcessoAndamento.asp?incidente=4884698>. Acesso em 31 jul. 2017.

BRASIL. SUPREMO TRIBUNAL FEDERAL. **Extradição n° 1424. Decisão de julgamento.** Relator Ministro Dias Toffoli. Segunda Turma. Disponível em: <http://portal.stf.jus.br/processos/detalhe.asp?incidente=4884698>. Acesso em 05 dez. 2018.

BRASIL. SUPREMO TRIBUNAL FEDERAL. **Extradição n° 1424. Despacho.** Relator Ministro Dias Toffoli. Segunda Turma. DJE nº 157, divulgado em 03/08/2018 Disponível em: <http://portal.stf.jus.br/processos/downloadPeca.asp?id=314917992&ext=.pdf>. Acesso em 05 dez. 2018.

BRASIL. SUPREMO TRIBUNAL FEDERAL. **Extradição n° 1.425/DF**. Relator Ministro Dias Toffoli, Segunda Turma. Disponível em:

<http://www.stf.jus.br/portal/processo/verProcessoAndamento.asp?incidente=4885586>. Acesso em 03 ago. 2017.

BRASIL. SUPREMO TRIBUNAL FEDERAL. **Extradição n° 1.426. Decisão de Julgamento.** Relator Ministro Gilmar Mendes, Segunda Turma. ATA Nº 11, de 07/05/2019. DJE nº 102, divulgado em 15/05/2019. Disponível em: <http://portal.stf.jus.br/processos/detalhe.asp?incidente=4885585>. Acesso em 19 ago. 2019.

BRASIL. SUPREMO TRIBUNAL FEDERAL. **Extradição n° 1.426. Decisão monocrática.** Relator Ministro Gilmar Mendes, Segunda Turma. DJE nº 10, divulgado em 20/01/2016. Disponível em: <http://portal.stf.jus.br/processos/downloadPeca.asp?id=308470376&ext=.pdf> Acesso em 05 dez. 2018.

BRASIL. SUPREMO TRIBUNAL FEDERAL. **Extradição n° 1.426. Decisão monocrática.** Relator Ministro Gilmar Mendes, Segunda Turma. DJE nº 111, divulgado em 31/05/2016. Disponível em: <http://portal.stf.jus.br/processos/downloadPeca.asp?id=309588922&ext=.pdf> Acesso em 07 dez. 2018.

BRASIL. SUPREMO TRIBUNAL FEDERAL. **Extradição n° 1.426. Despacho.** Relator Ministro Gilmar Mendes, Segunda Turma. DJE nº 25, divulgado em 11/02/2016. Disponível em: <http://portal.stf.jus.br/processos/downloadPeca.asp?id=308642617&ext=.pdf> Acesso em 05 dez. 2018.

BRASIL. SUPREMO TRIBUNAL FEDERAL. **Extradição nº 1428**. Segunda Turma. Relator Ministro Gilmar Mendes. ATA Nº 11, de 07/05/2019. DJE nº 102, divulgado em 15/05/2019. Disponível em: <http://portal.stf.jus.br/processos/detalhe.asp?incidente=4886657>. Acesso em 19 ago. 2019.

BRASIL. SUPREMO TRIBUNAL FEDERAL. **Extradição n° 1428. Decisão monocrática.** Relator Ministro Gilmar Mendes, Segunda Turma. DJE nº 111, divulgado em 31/05/2016. Disponível em: <http://portal.stf.jus.br/processos/downloadPeca.asp?id=309588923&ext=.pdf> Acesso em 07 dez. 2018.

BRASIL. SUPREMO TRIBUNAL FEDERAL. **Extradição n° 1437. Decisão monocrática.** Relatora Atual Ministra Cármen Lúcia. DJE nº 111, divulgado em 31/05/2016. Disponível em: <http://portal.stf.jus.br/processos/downloadPeca.asp?id=309588923&ext=.pdf> Acesso em 07 dez. 2018.

BRASIL. SUPREMO TRIBUNAL FEDERAL. **Extradição nº 1437. Decisão monocrática**. Relatora Atual Ministra Cármen Lúcia. DJE nº 80, divulgado em 25/04/2016. Disponível em: <http://portal.stf.jus.br/processos/downloadPeca.asp?id=309286401&ext=.pdf >. Acesso em 09 dez. 2018.

BRASIL. SUPREMO TRIBUNAL FEDERAL. **Extradição nº 1437. Decisão monocrática**. Relatora Atual Ministra Cármen Lúcia. DJE nº 199, divulgado em 16/09/2016. Disponível em: <http://portal.stf.jus.

br/processos/downloadPeca.asp?id=310277762&ext=.pdf>. Acesso em 24 dez. 2018.

BRASIL. SUPREMO TRIBUNAL FEDERAL. **Extradição nº 1442. Decisão monocrática**. Relator Ministro Celso de Mello. DJE nº 123, divulgado em 14/06/2016. Disponível em: <http://portal.stf.jus.br/processos/downloadPeca.asp?id=309723472&ext=.pdf>. Acesso em 03 jan. 2019.

BRASIL. SUPREMO TRIBUNAL FEDERAL. **Extradição nº 1443. Decisão monocrática.** Relator Ministro Celso de Mello. DJE nº 119, divulgado em 09/06/2016. Disponível em: <http://portal.stf.jus.br/processos/downloadPeca.asp?id=309681090&ext=.pdf>. Acesso em 03 jan. 2019.

BRASIL. SUPREMO TRIBUNAL FEDERAL. **Extradição nº 1453. Decisão monocrática.** Relator Ministro Teori Zavascki. Segunda Turma. DJE nº 161, divulgado em 02/08/2016. Disponível em: <http://portal.stf.jus.br/processos/downloadPeca.asp?id=310050111&ext=.pdf>. Acesso em 28 nov. 2018.

BRASIL. SUPREMO TRIBUNAL FEDERAL. **Extradição nº 1453. Despacho.** Relator Ministro Teori Zavascki. Segunda Turma. DJE nº 120, divulgado em 10/06/2016. Disponível em: <http://portal.stf.jus.br/processos/downloadPeca.asp?id=309702224&ext=.pdf>. Acesso em 28 nov. 2018.

BRASIL. SUPREMO TRIBUNAL FEDERAL. **Extradição nº 1.457/DF**. Ministra Relatora Rosa Weber, Primeira Turma, julgamento em 25.04.2017, DJE de 07.06.2017. Disponível em: <http://www.stf.jus.br/portal/processo/verProcessoAndamento.asp?incidente=4986749>. Acesso em 17 jul. 2017.

BRASIL. SUPREMO TRIBUNAL FEDERAL. **Extradição nº 1.462/DF**, Relator Ministro Roberto Barroso, Primeira Turma, julgamento de 28.03.2017, DJE de 29.06.2017. Disponível em: <http://www.stf.jus.br/portal/processo/verProcessoAndamento.asp?incidente=5002140>. Acesso em 22 jul. 2017.

BRASIL. SUPREMO TRIBUNAL FEDERAL. **Extradição nº 1465. Decisão monocrática.** Relator Ministro Marco Aurélio. DJE nº 188, divulgado em 02/09/2016. Disponível em: <http://portal.stf.jus.br/processos/downloadPeca.asp?id=310227201&ext=.pdf>. Acesso em 03 jan. 2019.

BRASIL. SUPREMO TRIBUNAL FEDERAL. **Extradição n° 1465. Decisão monocrática.** Relator Ministro Marco Aurélio. DJE nº 194, divulgado em 09/09/2016. Disponível em: <http://portal.stf.jus.br/processos/downloadPeca.asp?id=310267410&ext=.pdf>. Acesso em 03 jan. 2019.

BRASIL. SUPREMO TRIBUNAL FEDERAL. **Extradição n° 1465. Inteiro teor do acórdão.** Relator Ministro Marco Aurélio. Primeira Turma. DJE 18/10/2017 - ATA nº 155/2017. DJE nº 237, divulgado em 17/10/2017. Disponível em: <http://portal.stf.jus.br/processos/downloadPeca.asp?id=313033329&ext=.pdf>. Acesso em 03 jan. 2019.

BRASIL. SUPREMO TRIBUNAL FEDERAL. **Extradição n° 1474. Decisão monocrática.** Relator Ministro Dias Toffoli. DJE nº 266, divulgado em 23/11/2017. Disponível em: <http://portal.stf.jus.br/processos/downloadPeca.asp?id=313352082&ext=.pdf>. Acesso em 02 dez. 2018.

BRASIL. SUPREMO TRIBUNAL FEDERAL. **Extradição n° 1474. Despacho.** Relator Ministro Dias Toffoli. DJE nº 262, divulgado em 17/11/2017. Disponível em: <http://portal.stf.jus.br/processos/downloadPeca.asp?id=313305875&ext=.pdf>. Acesso em 02 dez. 2018.

BRASIL. SUPREMO TRIBUNAL FEDERAL. **Extradição n° 1481/DF. Decisão monocrática.** Ministro Celso de Mello. DJE nº 267, divulgado em 15/12/2016. Disponível em: <http://portal.stf.jus.br/processos/downloadPeca.asp?id=310972023&ext=.pdf>. Acesso em 04 jan. 2019.

BRASIL. SUPREMO TRIBUNAL FEDERAL. **Extradição n° 1482. Decisão monocrática.** Ministro Celso de Mello. DJE nº 124, divulgado em 09/06/2017. Disponível em: <http://portal.stf.jus.br/processos/downloadPeca.asp?id=311979276&ext=.pdf>. Acesso em 04 jan. 2019.

BRASIL. SUPREMO TRIBUNAL FEDERAL. **Extradição nº 1492/DF. Decisão monocrática.** Ministra Relatora Rosa Weber. DJE nº 104, divulgado em 18/05/2017. Disponível em: <http://portal.stf.jus.br/processos/downloadPeca.asp?id=311830302&ext=.pdf>. Acesso em 05 jan. 2019.

BRASIL. SUPREMO TRIBUNAL FEDERAL. **Extradição nº 1492/DF. Decisão monocrática.** Ministra Relatora Rosa Weber. DJE nº 96, divulgado em 16/05/2018. Disponível em: <http://portal.stf.jus.br/processos/downloadPeca.asp?id=314360261&ext=.pdf>. Acesso em 05 jan. 2019.

BRASIL. SUPREMO TRIBUNAL FEDERAL. **Extradição n° 1506 2° JULG/DF**, Relator Ministro Roberto Barroso. Julgamento em 12.12.2017. Primeira Turma. DJe – 027, de 14.02.2018. Disponível em: <http://portal.stf.jus.br/processos/detalhe.asp?incidente=5218274>. Acesso em 16 jun. 2018.

BRASIL. SUPREMO TRIBUNAL FEDERAL. **Extradição nº 1514/DF. Decisão monocrática.** Ministro Relator Ricardo Lewandowski. DJE nº 19, divulgado em 01/02/2018. Disponível em: <http://portal.stf.jus.br/processos/downloadPeca.asp?id=313534394&ext=.pdf>. Acesso em 05 jan. 2019.

BRASIL. SUPREMO TRIBUNAL FEDERAL. **Extradição nº 1514/DF. Despacho.** Ministro Relator Ricardo Lewandowski. DJE nº 247, divulgado em 20/11/2018. Disponível em: <http://portal.stf.jus.br/processos/downloadPeca.asp?id=15339065917&ext=.pdf>. Acesso em 05 jan. 2019.

BRASIL. SUPREMO TRIBUNAL FEDERAL. **Extradição nº 1514/DF. Inteiro teor do acórdão.** Ministro Relator Ricardo Lewandowski. Segunda Turma. DJE 26/03/2018 - ATA nº 36/2018. DJE nº 58, divulgado em 23/03/2018. Disponível em: <http://portal.stf.jus.br/processos/downloadPeca.asp?id=313980771&ext=.pdf>. Acesso em 05 jan. 2019.

BRASIL. SUPREMO TRIBUNAL FEDERAL. **Extradição n° 1531 AgR/DF**, Relator Ministro Roberto Barroso. Julgamento: 20.04.2018. Primeira Turma – DJe – 086, de 03.05.2018. Disponível em: <http://portal.stf.jus.br/processos/detalhe.asp?incidente=5345946>. Acesso em 16 jun. 2018.

BRASIL. SUPREMO TRIBUNAL FEDERAL. **Notícias STF: STF admite execução da pena após condenação em segunda instância.** Disponível em: <http://www.stf.jus.br/portal/cms/verNoticiaDetalhe.asp?idConteudo=326754>. Acesso em 11 jan. 2019.

BRASIL. SUPREMO TRIBUNAL FEDERAL. **Pesquisa por classe.** Disponível em: <http://portal.stf.jus.br/textos/verTexto.asp?servico=estatistica&pagina=pesquisaClasse>. Acesso em 05 jan. 2019.

BRASIL. SUPREMO TRIBUNAL FEDERAL. **Prisão Preventiva para Extradição n° 452**. Disponível em: <http://portal.stf.jus.br/processos/detalhe.asp?incidente=2118930>. Acesso em 11 nov. 2018.

BRASIL. SUPREMO TRIBUNAL FEDERAL. **Prisão Preventiva para Extradição n° 717,** Relatora Ministra Rosa Weber, Primeira Turma, julgamento de 10.06.2014, DJE nº 56, divulgado em 20/03/2015. Disponível em: <http://portal.stf.jus.br/processos/downloadPeca.asp?id=237424750&ext=.pdf>. Acesso em 13 out. 2018.

BRASIL. SUPREMO TRIBUNAL FEDERAL. **Prisão Preventiva para Extradição n° 717,** Relatora Ministra Rosa Weber, Primeira Turma, DJE nº 70, divulgado em 14/04/2015. Disponível em: <http://portal.stf.jus.br/processos/downloadPeca.asp?id=15329062166&ext=.pdf>. Acesso em 14 out. 2018.

BRASIL. SUPREMO TRIBUNAL FEDERAL. **Prisão Preventiva para Extradição n° 760.** Relator Ministro Edson Fachin, Primeira Turma, DJE nº 201, divulgado em 06/10/2015. Disponível em: <http://portal.stf.jus.br/processos/downloadPeca.asp?id=307878562&ext=.pdf>. Acesso em 14 out. 2018.

BRASIL. SUPREMO TRIBUNAL FEDERAL. **Prisão Preventiva para Extradição n° 760.** Relator Ministro Edson Fachin, Primeira Turma, DJE nº 208, divulgado em 16/10/2015. Disponível em: <http://portal.stf.jus.br/processos/downloadPeca.asp?id=307940784&ext=.pdf>. Acesso em 15 out. 2018.

BRASIL. SUPREMO TRIBUNAL FEDERAL. **Prisão Preventiva para Extradição** n° 760, Relator Ministro Edson Fachin, Primeira Turma, julgamento de 15.12.2015, DJE de 23.06.2016. Disponível em: <http://www.stf.jus.br/portal/processo/verProcessoAndamento.asp?incidente=4856334>. Acesso em 17 jul. 2017.

BRASIL. SUPREMO TRIBUNAL FEDERAL. **Prisão Preventiva para Extradição n° 762. Decisão monocrática.** Relator Ministro Gilmar Mendes, Segunda Turma. DJE nº 254, divulgado em 16/12/2015. Disponível em: <http://portal.stf.jus.br/processos/downloadPeca.asp?id=307911599&ext=.pdf> Acesso em 07 dez. 2018.

BRASIL. SUPREMO TRIBUNAL FEDERAL. **Prisão Preventiva para Extradição nº 763/DF**. Segunda Turma. Relator Ministro Gilmar Mendes. DJE nº 254, divulgado em 16/12/2015. Disponível em: <http://portal.stf.jus.br/processos/downloadPeca.asp?id=307911600&ext=.pdf>. Acesso em 23 out. 2018.

BRASIL. SUPREMO TRIBUNAL FEDERAL. **Prisão Preventiva para Extradição n° 763. Decisão monocrática.** Relator Ministro Gilmar Mendes, Segunda Turma. DJE nº 254, divulgado em 16/12/2015. Disponível em: <http://portal.stf.jus.br/processos/downloadPeca.asp?id=307911600&ext=.pdf> Acesso em 07 dez. 2018.

BRASIL. SUPREMO TRIBUNAL FEDERAL. **Prisão Preventiva para Extradição nº 763/DF. Decisão monocrática.** Segunda Turma. Relator Ministro Gilmar Mendes. DJE nº 10, divulgado em 20/01/2016. Disponível em: <http://portal.stf.jus.br/processos/downloadPeca.asp?id=308409233&ext=.pdf>. Acesso em 11 nov. 2018.

BRASIL. SUPREMO TRIBUNAL FEDERAL. **Prisão Preventiva para Extradição nº 763/DF. Decisão monocrática.** Segunda Turma. Relator Ministro Gilmar Mendes. DJE nº 111, divulgado em 31/05/2016. Disponível em: <http://portal.stf.jus.br/processos/downloadPeca.asp?id=309588923&ext=.pdf>. Acesso em 11 nov. 2018.

BRASIL. SUPREMO TRIBUNAL FEDERAL. **Prisão Preventiva para Extradição n° 763. Decisão monocrática.** Relator Ministro Gilmar Mendes, Segunda Turma. DJE nº 10, divulgado em 20/01/2016. Disponível em: <http://portal.stf.jus.br/processos/downloadPeca.asp?id=308409233&ext=.pdf> Acesso em 07 dez. 2018.

BRASIL. SUPREMO TRIBUNAL FEDERAL. **Prisão Preventiva para Extradição n° 766. Decisão monocrática.** Relator Ministro Dias Toffoli. Segunda Turma. DJE **nº 250, divulgado em 11/12/2015. Disponível em: <http://portal.stf.jus.br/processos/downloadPeca.asp?id=307898271&ext=.pdf>. Acesso em 05 dez.** 2018.

BRASIL. SUPREMO TRIBUNAL FEDERAL. **Prisão Preventiva para Extradição n° 769. Decisão monocrática.** Relator Ministro Celso de Mello. DJE **nº 252, divulgado em 15/12/2015. Disponível em: <http://portal.stf.jus.br/processos/downloadPeca.asp?id=308381264&ext=.pdf>. Acesso em 02 jan.** 2019.

BRASIL. SUPREMO TRIBUNAL FEDERAL. **Prisão Preventiva para Extradição n° 769. Decisão monocrática.** Relator Ministro Celso de Mello. DJE **nº 34, divulgado em 23/02/2016. Disponível em: <http://portal.stf.jus.br/processos/downloadPeca.asp?id=308726958&ext=.pdf>. Acesso em 02 jan.** 2019.

BRASIL. SUPREMO TRIBUNAL FEDERAL. **Prisão Preventiva para Extradição n° 770. Decisão monocrática.** Relator Ministro Celso de Mello. DJE **nº 31, divulgado em 18/02/2016. Disponível em: <http://portal.stf.jus.br/processos/downloadPeca.asp?id=308713989&ext=.pdf>. Acesso em 03 jan.** 2019.

BRASIL. SUPREMO TRIBUNAL FEDERAL. **Prisão Preventiva para Extradição n° 772. Decisão monocrática.** Relator Ministro Dias Toffoli. DJE nº 244, divulgado em 02/12/2015. Disponível em: <http://por-

tal.stf.jus.br/processos/downloadPeca.asp?id=308269613&ext=.pdf> Acesso em 07 dez. 2018.

BRASIL. SUPREMO TRIBUNAL FEDERAL. **Prisão Preventiva para Extradição n° 806. Decisão monocrática.** Relator Ministro Dias Toffoli. DJE nº 230, divulgado em 26/10/2016. Disponível em: <http://portal.stf.jus.br/processos/downloadPeca.asp?id=310615198&ext=.pdf>. Acesso em 28 nov. 2018.

BRASIL. SUPREMO TRIBUNAL FEDERAL. **Prisão Preventiva para Extradição n° 809. Decisão monocrática.** Relator Ministro Celso de Mello. DJE nº 232, divulgado em 28/10/2016. Disponível em: <http://portal.stf.jus.br/processos/downloadPeca.asp?id=310638424&ext=.pdf>. Acesso em 03 jan. 2019.

BRASIL. SUPREMO TRIBUNAL FEDERAL. **Prisão Preventiva para Extradição n° 809. Decisão monocrática.** Ministra Presidente Cármen Lúcia. DJE nº 17, divulgado em 31/01/2017. Disponível em: <http://portal.stf.jus.br/processos/downloadPeca.asp?id=311022606&ext=.pdf>. Acesso em 03 jan. 2019.

BRASIL. SUPREMO TRIBUNAL FEDERAL. **Prisão Preventiva para Extradição n° 814/DF. Decisão monocrática.** Ministra Presidente Cármen Lúcia. DJE nº 17, divulgado em 31/01/2017. Disponível em: <http://portal.stf.jus.br/processos/downloadPeca.asp?id=311017621&ext=.pdf>. Acesso em 05 jan. 2019.

BRASIL. SUPREMO TRIBUNAL FEDERAL. **Prisão Preventiva para Extradição nº 831/DF. Decisão monocrática.** Ministro Relator Ricardo Lewandowski. DJE nº 143, divulgado em 29/06/2017. Disponível em: <http://portal.stf.jus.br/processos/downloadPeca.asp?id=312022438&ext=.pdf>. Acesso em 05 jan. 2019.

BRASIL. SUPREMO TRIBUNAL FEDERAL. **Questão de Ordem na Extradição n° 893 – República Federal da Alemanha.** Segunda Turma. Relator Ministro Gilmar Mendes. DJE nº 90, divulgado em 14/05/2015. Disponível em: <http://portal.stf.jus.br/processos/downloadPeca.asp?id=306801396&ext=.pdf>. Acesso em 13 nov. 2018.

BRASIL. SUPREMO TRIBUNAL FEDERAL. **Questão de Ordem na Extradição nº 1492/DF.** Ministra Relatora Rosa Weber. Primeira Turma. DJE 31/10/2018 - ATA nº 164/2018. DJE nº 232, divulgado em 30/10/2018. Disponível em: <http://portal.stf.jus.br/processos/downloadPeca.asp?id=15338954394&ext=.pdf>. Acesso em 05 jan. 2019.

BRASIL. SUPREMO TRIBUNAL FEDERAL. **Questão de Ordem na Prisão Preventiva para Extradição nº 760/DF**. Primeira Turma. Relator Ministro Edson Fachin. DJE 23/06/2016 - ATA nº 97/2016. DJE nº 130, divulgado em 22/06/2016. Disponível em: <http://portal.stf.jus.br/processos/downloadPeca.asp?id=309785904&ext=.pdf>. Acesso em 23 out. 2018.

BRASIL. SUPREMO TRIBUNAL FEDERAL. **Recurso Extraordinário nº 608.898/DF.** Relator Ministro Marco Aurélio. Disponível em: <http://portal.stf.jus.br/processos/detalhe.asp?incidente=3838306>. Acesso em 17 mar. 2019.

BRASIL. SUPREMO TRIBUNAL FEDERAL. **Regimento interno**. Disponível em: <http://www.stf.jus.br/arquivo/cms/legislacaoRegimentoInterno/anexo/RISTF_integral.pdf>. Acesso em 10 jul. 2017.

BRASIL. SUPREMO TRIBUNAL FEDERAL. **Regimento interno**. Disponível em: <http://www.stf.jus.br/arquivo/cms/legislacaoRegimentoInterno/anexo/RISTF_integral.pdf>. Acesso em: 05 jan. 2019.

BRASIL. SUPREMO TRIBUNAL FEDERAL. **Súmula nº 421**. Disponível em: <http://www.stf.jus.br/portal/jurisprudencia/menusumariosumulas.asp?sumula=2334>. Acesso em 24 dez. 2018.

BRASIL. SUPREMO TRIBUNAL FEDERAL. **Tratados de Extradição**. Disponível em: <http://www.stf.jus.br/portal/cms/verTexto.asp?servico=legislacaoTratadoExtradicaoTextual&pagina=IndiceTratadoExtradicao>. Acesso em 07 set. 2018.

CANOTILHO, J.J. Gomes. **Direito constitucional e teoria da constituição.** 3ed. Coimbra: Almedina, 1999.

CAPELLA, Juan Ramón. **Fruto proibido: uma aproximação histórico-teórica ao estudo do Direito e do Estado.** Tradução de Gresiela Nunes da Rosa e Lédio Rosa de Andrade. Porto Alegre: Livraria do Advogado, 2002.

CASTRO, Tony Gean Barbosa de. **Crime organizado transnacional: cooperação jurídica internacional, direito penal internacional e tutela dos direitos humanos.** Porto Alegre: Núria Fabris Editora, 2018.

CINTRA, Antonio Carlos de Araújo; GRINOVER, Ada Pellegrini e; DINAMARCO, Cândido Rangel. **Teoria geral do processo.** 31 ed. Revista e ampliada. São Paulo: Malheiros Editores, 2015.

CORTE INTERAMERICANA DE DIREITOS HUMANOS. **Parecer consultivo nº 21, de 19 de agosto de 2014.** Disponível em: <http://

www.corteidh.or.cr/docs/opiniones/seriea_21_por.pdf>. Acesso em 15 jul. 2017.

COSTA, Suzana Henriques da. **Condições da ação**. São Paulo: Quartier Latin, 2005.

DAVID, René. **Os grandes sistemas do direito contemporâneo.** 4 ed. São Paulo: Martins Fontes, 2002.

DEL'OLMO, Florisbal de Souza. **A extradição no alvorecer do século XXI.** Rio de Janeiro: Renovar, 2007.

Dicionário Brasileiro da Língua Portuguesa Michaelis. Editora Melhoramentos, 2019. Disponível em: <https://michaelis.uol.com.br/moderno-portugues/busca/portugues-brasileiro/extraditar/>. Acesso em 16 jan. 2019.

Dicionário de Português Online. Disponível em: <https://www.lexico.pt/extraditar/>. Acesso em 16 jan. 2019.

DINAMARCO, Cândido Rangel. **Capítulos de sentença**. 4 ed. São Paulo, Malheiros: 2009.

DUGARD, John; e VAN DEN WYNGAERT, Christine. ***Reconciling Extradition with Human Rights.*** *The American Journal of International Law*, vol. 92, no. 2, 1998, pp. 187–212. *JSTOR*. Disponível em: <www.jstor.org/stable/2998029>. Acesso em 18 nov. 2018.

DWORKIN, Ronald. ***El dominio de la vida: una discusión acerca del aborto, la eutanasia y la libertad individual.*** *Versión española de CARACCIOLO, Ricardo y FERRERES, Víctor (Universitat Pompeu Fabra).* Barcelona: Editorial Ariel, 1994.

FERRAJOLI, Luigi. ***Criminalidad y globalización.*** *Boletín mexicano de derecho comparado,* México, v.39, n.115, p.301-316, abr 2006. Disponível em: <http://www.scielo.org.mx/scielo.php?script=sci_arttext&pid=S0041-86332006000100010&lng=en&nrm=iso>. Acesso em 22 nov. 2018.

FERRAJOLI, Luigi. **Direito e razão: teoria do garantismo penal.** Traduzido por Ana Paula Zomer, Fauzi Hassan Choukr, Juarez Tavares e Luiz Flávio Gomes. São Paulo: Editora Revista dos Tribunais, 2002.

FERRAJOLI, Luigi; BACCELLI, Luca; BOVERO, Michelangelo; *et al.* **Los fundamentos de los derechos fundamentales.** Madrid: Editorial Trota, 2001.

FORNAZARI JUNIOR, Milton. **Cooperação jurídica internacional: auxílio direto penal.** 2.ed. Rio de Janeiro: Lumen Juris, 2017.

GIACOMOLLI, Nereu José (org.). **Prisão cautelar e medidas alternativas ao cárcere: anais do IV encontro nacional do instituto brasileiro de direito processual penal - IBRASPP.** Florianópolis: Empório do Direito, 2016.

GOMES, Luiz Flávio e; BIANCHINI, Alice. **O direito penal na era da globalização**. São Paulo: Editora Revista dos Tribunais, 2002.

GOMES FILHO, Magalhães. **Direito à prova no processo penal.** São Paulo: Editora Revista dos Tribunais, 1997.

GRINOVER, Ada Pelegrini; FERNANDES, Antônio Scarance; GOMES FILHO, Antonio Magalhães. **As nulidades no processo penal.** 6. ed. rev., ampl. e atual. com nova jurisprudência e em face da Lei 9.099/95 e das leis de 1996. São Paulo: Editora Revista dos Tribunais, 1997.

GRINOVER, Ada Pellegrini. **Processo penal transnacional: linhas evolutivas e garantias processuais.** São Paulo: Revista Brasileira de Ciências Criminais, ano 3, número 9, janeiro-março 1995, p. 40-83.

HÄBERLE, Peter. **Estado constitucional cooperativo.** Tradução de Marcos Augusto Maliska e Elisete Antoniuk. Rio de Janeiro: Renovar, 2007.

INTERPOL. ***Interpol legal materials.*** Disponível em: <https://www.interpol.int/About-INTERPOL/Legal-materials>. Acesso em 10 jul. 2018.

JARDIM, Afrânio Silva. **Direito processual penal.** 11ed. Rio de Janeiro: Forense, 2005.

KANT, Immanuel. **A paz perpétua: um projeto filosófico.** Tradução de Artur Morão. Covilhã: Coleção textos clássicos de filosofia, Luso-Sofia press, 1975.

LEAL, Rosemiro Pereira. **Teoria geral do processo: primeiros estudos.** 14 ed. Belo Horizonte: Fórum Conhecimento Jurídico, 2018.

LOPES Jr., Aury. **Prisões cautelares.** 5 ed. rev., atual. e ampl. São Paulo: Saraiva, 2017.

MAIA FILHO, Napoleão Nunes. **Direitos humanos e utopias jurídicas: ensaio crítico-histórico sobre leis e instituições do estado de direito.** Fortaleza: Imprece, 2017.

MATTOSO, Camila. **Foragido, terrorista Cesare Battisti é preso na Bolívia.** Folha de São Paulo. Disponível em <https://www1.folha.uol.com.br/poder/2019/01/foragido-battisti-e-preso-na-bolivia.shtml>. Acesso em 14 jan. 2019.

MAZZUOLI, Valerio de Oliveira. **Curso de direitos humanos.** 2.ed. rev., atual. e ampl. São Paulo: Método, 2015.

MENDES, Gilmar Ferreira; BRANCO, Paulo Gustavo Gonet. **Curso de direito constitucional.** 9 ed. São Paulo: Saraiva, 2014.

MINISTÉRIO DA JUSTIÇA. **Cartilha cooperação jurídica internacional em matéria penal.** Brasília: Departamento de Recuperação de Ativos e Cooperação Jurídica Internacional, 2013.

MINISTÉRIO DA JUSTIÇA. **Cooperação em pauta: Brasil integra Grupo de Trabalho da Interpol para o desenvolvimento de plataforma para tramitação de pedidos de cooperação jurídica internacional em matéria penal.** ISSN-2446-9211/n° 43, setembro 2018. Disponível em: <http://www.justica.gov.br/sua-protecao/lavagem-de-dinheiro/institucional-2/publicacoes/cooperacao-em-pauta/cooperacao-em-pauta-n43/view>. Acesso em 19 dez. 2018.

MINISTÉRIO DA JUSTIÇA. **DRCI.** Disponível em: <http://www.justica.gov.br/sua-protecao/lavagem-de-dinheiro/institucional-2>. Acesso em 07 set 2018.

MINISTÉRIO DA JUSTIÇA. **Efetivada primeira extradição solicitada pelo Brasil aos Estados Unidos.** Disponível em: <http://www.justica.gov.br/news/efetivada-primeira-extradicao-solicitada-pelo-brasil-aos-estados-unidos>. Acesso em 24 jun. 2018.

MINISTÉRIO DA JUSTIÇA. **Portaria nº 217/2018.** Publicada no DOU n° 40, de 28.02.2018. Disponível em: <http://www.justica.gov.br/sua-protecao/lavagem-de-dinheiro/institucional-2/legislacao/portaria-217-extradicao>. Acesso em 16 jun. 2018.

MINISTÉRIO DA JUSTIÇA E SEGURANÇA PÚBLICA. **Autoridade central.** Disponível em: <http://www.justica.gov.br/sua-protecao/cooperacao-internacional/autoridade-central-1>. Acesso em: 20 jan. 2018.

MINISTÉRIO DA JUSTIÇA E SEGURANÇA PÚBLICA. **Brasil determinou expulsão de 375 criminosos no ano passado.** Disponível em <www.justica.gov.br/news/brasil-determinou-expulsao-de-375-criminosos-no-ano-passado>. Acesso em 20 jan. 2019.

MINISTÉRIO DA JUSTIÇA E SEGURANÇA PÚBLICA. **Cooperação internacional.** Disponível em: <http://www.justica.gov.br/sua-protecao/cooperacao-internacional>. Acesso em 20 jan. 2018.

MINISTÉRIO DA JUSTIÇA E SEGURANÇA PÚBLICA. **Portaria nº 2.465/2013**. Publicada no DOU de 04.07.2013. Disponível em: <https://www.jusbrasil.com.br/diarios/56295671/dou-secao-1-04-07-2013-pg-33>. Acesso em 20 jul. 2017.

MINISTÉRIO DA JUSTIÇA E SEGURANÇA PÚBLICA. **Portaria nº 522/2016**. Publicada no DOU nº 85, de 05.05.2016. Disponível em: <http://www.justica.gov.br/sua-protecao/lavagem-de-dinheiro/institucional-2/legislacao/portaria-no-522-de-3-de-maio-de-2016>. Acesso em 15 jan. 2017.

MINISTÉRIO DA JUSTIÇA E SEGURANÇA PÚBLICA. **Transferência de execução da pena**. Disponível em: <www.justica.gov.br/sua-protecao/cooperacao-internacional/transferencia-de-execução-da-pena>. Acesso em 20 jan. 2019.

MIRANDA, Neemias Carvalho. **Extradição: decisões contraditórias no Supremo Tribunal Federal.** Rio de Janeiro: Editora Lumen Juris, 2010.

NEVES, Marcelo (org.).**Transnacionalidade do direito: novas perspectivas dos conflitos entre ordens jurídicas.** São Paulo: Editora Quartier Latim do Brasil, 2010.

OLIVEIRA, Carlos Alberto Alvaro de. **O juiz e o princípio do contraditório: ensaio destinado à coletânea em homenagem a Alfredo Buzaid.** Porto Alegre: Revista da Faculdade de Direito UFRGS, nov 1993, p. 178-184. Disponível em <http://www.seer.ufrgs.br/revfacdir/article/download/68822/38922>. Acesso em 09 jan. 2019.

PACELLI, Eugênio e COSTA, Domingos Barroso da. **Prisão preventiva e liberdade provisória: a reforma da Lei nº 12.403/11.** São Paulo: Atlas, 2013.

PENTEADO, Jaques de Camargo (Org). **Justiça penal 3. Críticas e sugestões. O crime organizado (Itália e Brasil). A modernização da lei penal.** São Paulo: Editora Revista dos Tribunais, 1995.

PINHEIRO, Giulia Manccini e MAIDANA, Javier Rodrigo. **O processo de extradição no sistema brasileiro.** Disponível em: <http://www.egov.ufsc.br/portal/print/conteudo/o-processo-de-extradi%C3%A7%C3%A3o-no-sistema-brasileiro>. Acesso em 06 jul. 2017.

PIOVESAN, Flávia. **Direitos humanos e o direito constitucional internacional.** 14.ed. São Paulo: Saraiva, 2013.

PIOVESAN, Flávia. **Temas de direitos humanos.** 11. ed. São Paulo: Saraiva, 2018.

RAMIRES, Maurício. **Diálogo judicial internacional: o uso da jurisprudência estrangeira pela justiça constitucional.** Rio de Janeiro: Editora Lumen Juris, 2016.

RAMOS, André de Carvalho. **O novo direito internacional privado e o conflito de fontes na cooperação jurídica internacional.** Revista da Faculdade de Direito, Universidade de São Paulo, v. 108, p.621-647, 22 nov 2013. Disponível em: <http://www.revistas.usp.br/rfdusp/article/view/67998/pdf_23>. Acesso em 18 set. 2018.

RAMOS, André de Carvalho. **Pluralidade das ordens jurídicas: uma nova perspectiva na relação entre o Direito Internacional e o Direito Constitucional.** Revista da Faculdade de Direito, Universidade de São Paulo, v. 106/107, p. 497-524, jan/dez, 2011/2012. Disponível em: <http://producao.usp.br/handle/BDPI/43708>. Acesso em 19 set. 2018).

RAMOS, André de Carvalho. **Teoria geral dos direitos humanos na ordem internacional.** 6ed. São Paulo: Saraiva, 2016.

REZEK, José Francisco. ***Reciprocity as a basis of extradition.*** In: The British Year Book of International Law 1981. Oxford, At the Claredon Press, 1982.

RUSSOMANO, Gilda Maciel Corrêa Meyer. **A extradição no direito internacional e no direito brasileiro.** 3.ed. revisada e atualizada. São Paulo: Editora Revista dos Tribunais, 1981.

SAADI, Ricardo Andrade e BEZERRA, Camila Colares. **A autoridade central no exercício da cooperação jurídica internacional.** *In:* Manual de Cooperação Jurídica Internacional e Recuperação de Ativos. 2.ed. Brasília: Ministério da Justiça, 2012. Disponível em: <http://www.tjsp.jus.br/Download/Corregedoria/CartasRogatorias/Documentos/ManualExpedCRPenal.pdf>. Acesso em 25 maio 2018.

SARLET, Ingo Wolfgang. **Dignidade (da pessoa) humana e direitos fundamentais na Constituição Federal de 1988**. 10 ed. revista, atualizada e ampliada. Porto Alegre: Livraria do Advogado, 2015.

SILVA, G.E. do Nascimento e; ACCIOLY Hildebrando; CASELLA, Paulo Borba. **Manual de direito internacional público.** 17. Ed. São Paulo: Saraiva, 2009.

SLAUGHTER, Anne-Marie. ***A typology of transjudicial communication,*** *In: University of Richmond Law Review, 1994).*

SOARES, Guido Fernando Silva. **Os direitos humanos e a proteção dos estrangeiros.** Revista da Faculdade de Direito, Universidade de São Paulo, v. 99, p.403-460, 1 jan 2004. Disponível em: <http://www.revistas.usp.br/rfdusp/article/view/67631/70241>. Acesso em 17 set. 2018.

SUSTEIN, Cass R. ***A Constitution of Many Minds***. Princeton-EUA: Princeton University Press, 2009.

SWENSSON JUNIOR, Lauro Joppert. **Anistia penal: problemas da validade da lei de anistia brasileira.** Curitiba: Juruá, 2008.

TRATADO INTERNACIONAL. **Carta das Nações Unidas**. Disponível em: <https://nacoesunidas.org/wp-content/uploads/2017/11/A-Carta-das-Nações-Unidas>. Acesso em 10 março 2018.

TRATADO INTERNACIONAL. **Convenção americana sobre direitos humanos**. Disponível em: <https://www.cidh.oas.org/basicos/portugues/c.convencao_americana.htm>. Acesso em 17 jul. 2017.

TRATATO INTERNACIONAL. **Convenção relativa ao estatuto dos refugiados.** Disponível em: <http://www.acnur.org/t3/fileadmin/Documentos/portugues/BDL/Convencao_relativa_ao_Estatuto_dos_Refugiados.pdf >. Acesso em 24 jul. 2017.

TRATADO INTERNACIONAL. **Declaração e programa de ação de Viena - Conferência mundial sobre direitos humanos de 1993.** Disponível em: <https://www.oas.org/dil/port/1993%20Declara%C3%A7%C3%A3o%20e%20Programa%20de%20Ac%C3%A7%C3%A3o%20adoptado%20pela%20Confer%C3%AAncia%20Mundial%20de%20Viena%20sobre%20Direitos%20Humanos%20em%20junho%20de%201993.pdf>. Acesso em 02 dez. 2018.

TRATADO INTERNACIONAL. **Declaração universal dos direitos do homem.** Disponível em: <http://pfdc.pgr.mpf.mp.br/atuacao-e-conteudos-de-apoio/legislacao/direitos-humanos/declar_dir_homem.pdf>. Acesso em 16 jul. 2017.

TUSHNET, Mark. ***The inevitable globalization of constitutional law,*** *In: Harvard Law School. Public Law & Legal Theory Working Paper Series*. Disponível em: https://ssrn.com/abstract=1317766 ou http://dx.doi.org/10.2139/ssrn.1317766. Acesso em 13 jan. 2018.

USA. Legal Information Institute. U.S Code. ***Extradition of United States citizens***. Disponível em: <https://www.law.cornell.edu/uscode/text/18/3196>. Acesso em 23 jun. 2018.

USA. The United States Department of Justice. ***Office of International Affairs***. Disponível em: <https://www.justice.gov/criminal-oia>. Acesso em 24 jun. 2018.

USA. The United States Department of Justice. Offices of the United States Attorneys. ***Criminal Resource Manual***. Disponível em: <https://www.justice.gov/usam/criminal-resource-manual-615-procedure--when-provisional-arrest-requested>. Acesso em 23 jun. 2018.

USA. The United States Department of Justice. Offices of the United States Attorneys. ***Interpol red notices***. Disponível em: <https://www.justice.gov/usam/criminal-resource-manual-611-interpol-red-notices>. Acesso em 10 jul. 2018.

ANEXO: INDICADORES CETPC/DRCI/ SENAJUS 2016/2017

INDICADORES CETPC/DRCI/SNJ – 2016

JANEIRO-DEZEMBRO

EXTRADIÇÃO E TRANSFERÊNCIA DE PESSOAS CONDENADAS

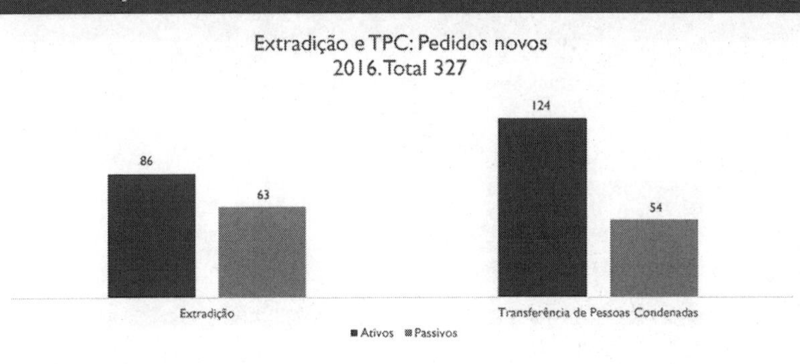

EXTRADIÇÃO E TRANSFERÊNCIA DE PESSOAS CONDENADAS

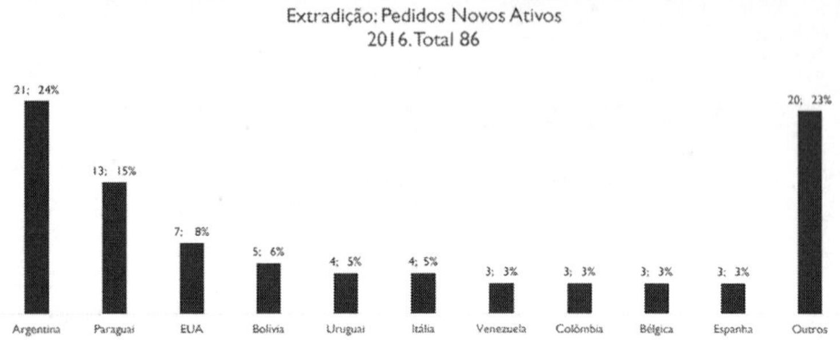

EXTRADIÇÃO E TRANSFERÊNCIA DE PESSOAS CONDENADAS

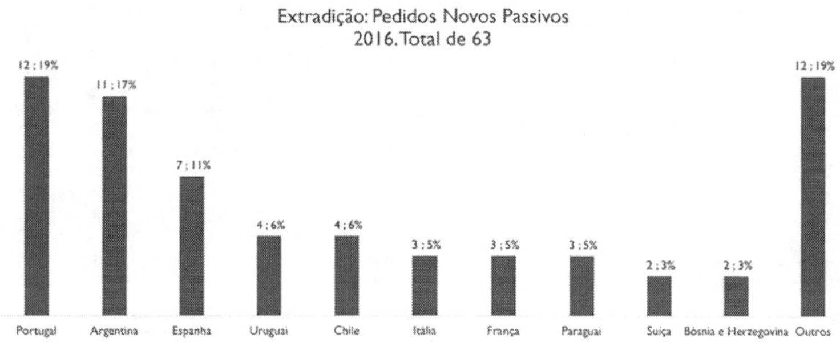

EXTRADIÇÃO E TRANSFERÊNCIA DE PESSOAS CONDENADAS

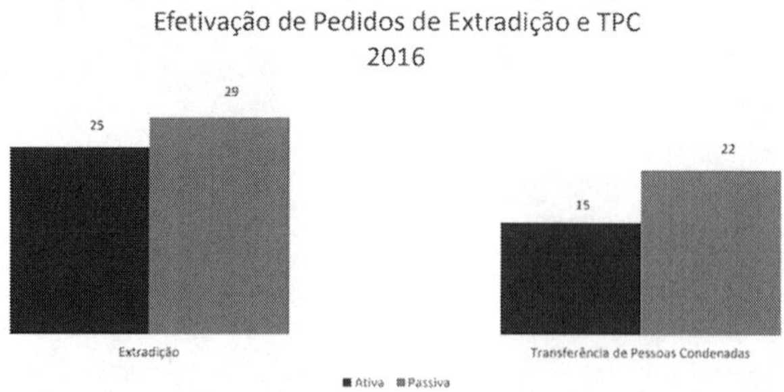

TRATADOS E FOROS INTERNACIONAIS

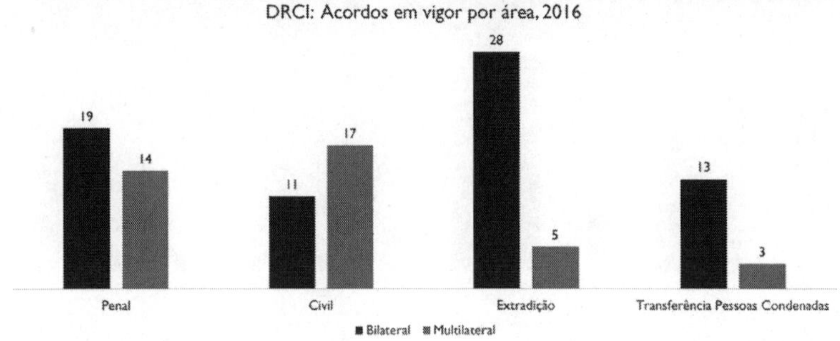

INDICADORES CEPTC/DRCI/SNJ – 2017

JANEIRO-DEZEMBRO

DEPARTAMENTO DE **RECUPERAÇÃO DE ATIVOS E COOPERAÇÃO JURÍDICA INTERNACIONAL** SECRETARIA NACIONAL DE **JUSTIÇA** MINISTÉRIO DA **JUSTIÇA E SEGURANÇA PÚBLICA**

EXTRADIÇÃO E TRANSFERÊNCIA DE PESSOAS CONDENADAS

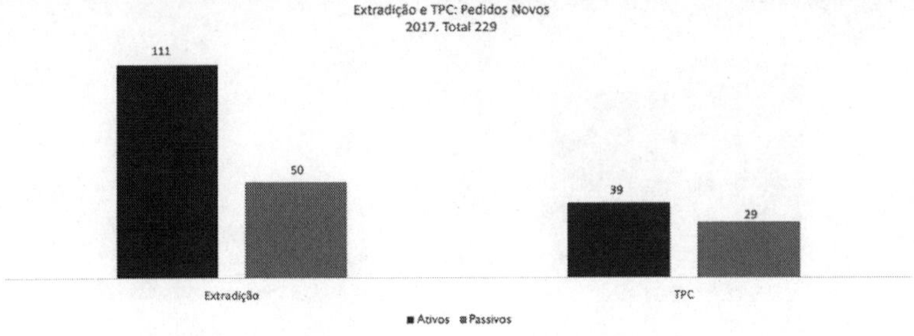

EXTRADIÇÃO E TRANSFERÊNCIA DE PESSOAS CONDENADAS

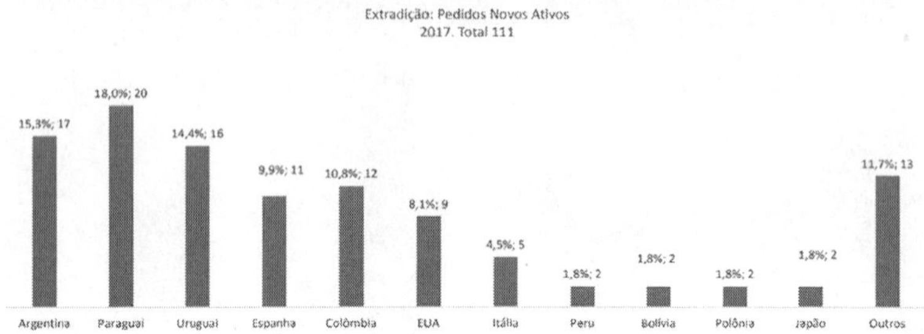

EXTRADIÇÃO E TRANSFERÊNCIA DE PESSOAS CONDENADAS

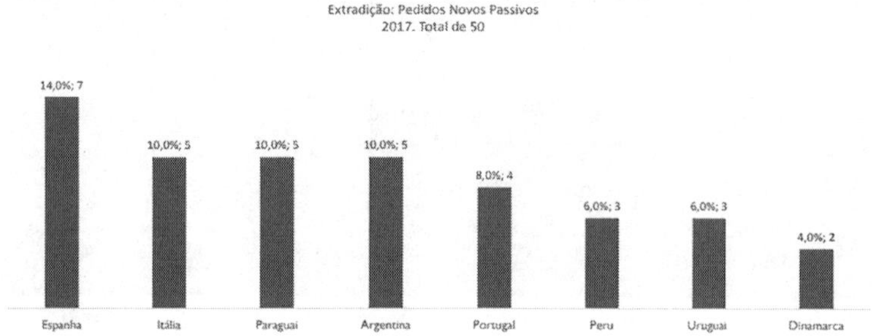

EXTRADIÇÃO E TRANSFERÊNCIA DE PESSOAS CONDENADAS

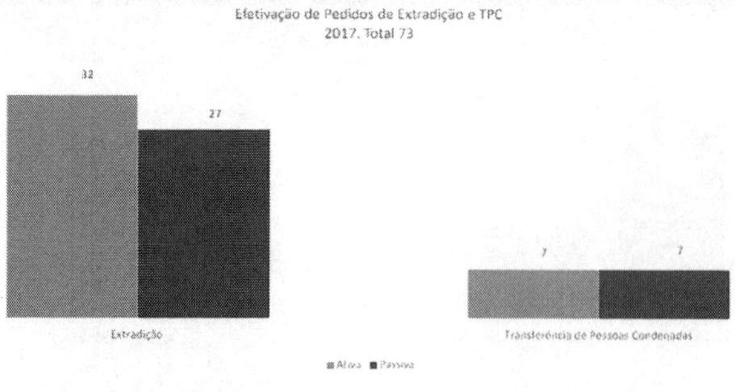

TRATADOS E FOROS INTERNACIONAIS

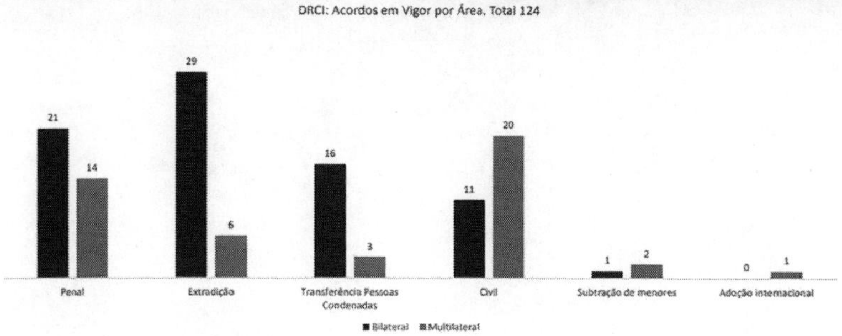

EDITORA
JusPODIVM
www.editorajuspodivm.com.br